WHYとHOWで
よくわかる!

千葉 孝司 著

いじめ
困った時の
指導法
40

明治図書

まえがき

　あなたはいじめ対応に自信はありますか。

　いじめ対応は難しいものです。

　隠そうとするものを見つけ出し，被害者の心に寄り添い安心させ，加害者に行動を変容させ，傍観者には，大人に知らせることができるようにさせ，保護者には，被害者側・加害者側双方に納得してもらう必要があります。どれか一つでも大変な難問です。それを同時に行わなければなりません。命にかかわる場合もあります。

　教師が本気でいじめに向き合おうとすれば，「困った！」と思う場面に遭遇するのは当然のことです。でも教師以上に困っている人がいます。それはいじめの被害者です。生徒の「困った」に真摯に向き合うことが本当の解決に至る道です。

　本書では，40のいじめ対応での困った場面を想定し，なぜそうなのか。どうしたらよいのか。という視点で考えています。また，実際の会話例を良い例，悪い例で示しています。

　本書で示すアイデアを，教師は子どもにとって最後の砦なんだという気概をもって実践していただけることを願っています。

2019年1月

　　　　　　　　　　　　　　　　　　　　　　　　　　　千葉　孝司

contents

まえがき

Introduction
生徒が教師に困っている場面

01 「悪気がないから気にするな」と言われる場合　8
02 話をきちんと聞いてもらえない場合　12
03 被害者の立場を考えずに，教師が加害者にすぐ伝えてしまう場合　16
04 「自分にも悪いところがあるのでは」と言われる場合　20

Chapter 1.
いじめ被害者への対応で困った場面

01 いじめの事実がはっきりしているのに，被害者が認めない場合　26
02 いじめをされていることに気が付かない場合　30
03 過去にいじめをしたことがあり，反撃されている場合　34
04 訴えている内容が一方的で事実と違う場合　38
05 過度に敏感であると感じられる場合　42
06 嫌と言えず，嫌なことを押しつけられている場合　46
07 自分が悪いと思い込んでいる場合　50
08 どうしても加害者が許せない場合　54
09 どうしても親に知られたくないと訴える場合　58

10	加害者から離れようとしない場合　62
11	被害者の言動が周りの反感や怒りを買いやすい場合　66
12	いじめが解消しても体調不良や不登校が続く場合　70
13	いじめ被害の内容を口に出せない場合　74
14	死にたいと口にする場合　78

Chapter 2.
いじめ加害者への対応で困った場面

01	いじめが悪いことだと思っていない場合　84
02	いじめの事実を加害者が認めない場合　88
03	いじめられないためにいじめている場合　92
04	過去にいじめをされたことがあり，反撃している場合　96
05	集団で無視をしている場合　100
06	いじりがエスカレートしている場合　104
07	陰口がエスカレートしている場合　108
08	「相手がやり返したから喧嘩両成敗だ」と言う場合　112
09	やりたくないのにやらされている場合　116
10	叩く，蹴る，ぶつかるなどの暴力を伴ういじめの場合　120
11	いじめに教育的意義を感じている場合　124
12	状況的に加害者だが，証拠がない場合　128
13	加害者が親に虐待されていた場合　132
14	開き直って反省が見られない場合　136

Chapter 3.
いじめ傍観者への対応で困った場面

01　いじめの事実を知らせてこなかった場合　142
02　見ているだけだから悪くないと思っている場合　146
03　いじめをはやしたてていた場合　150
04　陰口・悪口が横行している場合　154

Chapter 4.
いじめ保護者への対応で困った場面

01　加害者の保護者が指導内容に抗議してきた場合　160
02　加害者の保護者が「むしろ被害者だ」と訴えてきた場合　164
03　加害者の保護者が「子どもの問題に大人が口出しするな」
　　　　　　　　　　　　　　　　　　と訴えてきた場合　168
04　被害者の保護者がクラス替えを要求してきた場合　172

INTRODUCTION
生徒が教師に困っている場面

いじめは，教師にとって困った問題です。しかし，教師の「困った」から出発した解決は，時に被害者を傷つけます。本章では，生徒の立場で困った場面を考えていきます。

生徒の立場で考える

CASE-01
「悪気がないから気にするな」と言われる場合

クラスのお調子者のB君にからかわれています。先生にいじめられていると言っても、「ささいなことだし、悪気がないんだから気にするな」ととりあってもらえません。でもB君の顔を見るのも嫌だし、教室に入るのも何だか怖くなってしまいます。

WHY 解決へのファーストステップ

ステップ1

　教師にとっては，加害者の生徒もかわいい存在であると言えます。また加害者の中には悪気がなく，いじめをしてしまっている場合もあります。教師から見ると憎めないキャラクターであることもあります。様々な要素が重なると，知らず知らずのうちに大目に見たり，甘くなったりする可能性があります。

ステップ2

　誰に対してもからかっている。ふざけて話しているときと似たようなことを言っている。そういう場合は，いじめではなく遊びであると教師は判断してしまいます。しかし遊びかどうかは「人・時・所」によって変わるものです。「人・時・所」を考慮せずに，一律に遊びであると判断してしまっているのかもしれません。

HOW 対応のポイント

動機よりも結果を優先する

　問題行動を指導する場面で,「本当はどうしたかったの？」「どうなりたかったの？」と叱責だけでなく内面を尋ねることは必要なことです。
　しかし被害者がいる事例では,被害者の内面を優先した対応を心がけるべきです。加害者がどういう思いでやったか,悪気の有無よりも,被害者がそれによってどういう思いでいるのかが優先されます。被害者ファーストの原則を踏まえつつ対応を考えることになります。

ささいなことでも積み重なるとつらい

　ボディーブローのように効いてくるという言い方があります。ボディーへのパンチ一つでダウンを奪うのは難しくても,繰り返すとダメージが蓄積されることのたとえです。実際はボディーにパンチが当たっていなくても,パンチを打つぞという素振りだけであっても繰り返されるとストレスになることでしょう。
　パンチを打つふりだけを見て,大したことがないと判断してしまうということがないかを教師は振り返る必要があります。
　最後の麦わらというたとえがあります。極限状態まで荷物を背に載せたラクダは,麦わら一本のせただけで倒れるというものです。
　たしかに一つの場面だけを切り取ってみればささいなことに感じるかもしれません。しかし言われ続けた場合は,そのしつこさがストレスになります。言われていないときでも,また言われるんじゃないかと思うことでストレスになっていくのです。
　ささいなことと軽視しないで,「しつこく言われたら嫌だよね」と気持ちを受け止め対応することが大切です。

ここが分かれ道！BAD／GOOD 対応

BAD

生　徒：先生，私B君にいじめられているんです。
教　師：え，どんなことをされているの？
生　徒：すれ違いざまに，わっ，て脅かされるんです。
教　師：そんなことなの。ふざけているだけでしょ。
生　徒：でも，いつもされていて嫌なんです。
教　師：そんなの気にしなければいいでしょ。悪気はないと思うよ。
生　徒：もういいです。

GOOD

生　徒：先生，私B君にいじめられているんです。
教　師：え，どんなことをされているの？
生　徒：すれ違いざまに，わっ，て脅かされるんです。
教　師：どうしてそんなことをしているのかな？
生　徒：たぶんふざけているだけだと思います。遊び感覚です。
教　師：B君は楽しいかもしれないけど，あなたはどんな気持ちになるの？
生　徒：最初は驚いたけど，今は嫌な気持ちしかありません。
教　師：そうだよね。遊びなら両方が楽しめなければいけないよね。遊びになっていないよね。
生　徒：はい。
教　師：どうしてほしい？
生　徒：やめさせてほしいです。
教　師：他には何かされるかい？
生　徒：いいえ，他にはありません。でもCさんも最近嫌な名前で呼ばれているらしいです。
教　師：そういう悪ふざけは癖になるし，エスカレートするからね。これ

はクラスにとっても，しっかりと考えないといけない問題だね。いつ頃からされているの？
生　徒：2週間くらい前からです。
教　師：今までに何回くらいされたの？
生　徒：たぶん20回以上です。
教　師：そんなにされていたんだ。気が付かなくてごめんね。絶対にやめさせるからね。
生　徒：ありがとうございます。
教　師：されたときは，どうしていたの？
生　徒：いえ，何もできませんでした。
教　師：とっさのことだからね。あとでどんな思いになった？
生　徒：なんでこんなことするのかなぁ。私何かしたかなって思いました。
教　師：そうなんだね。あなたは悪くないのに，され続けるとそう思っちゃうよね。
生　徒：はい。
教　師：B君が今目の前にいたら何て言いたい？
生　徒：すごく嫌だったからやめて！
教　師：そうだよね。気持ちはわかったからね。それをB君に伝えて指導するからね。
生　徒：お願いします。

CASE-01　まとめ

①加害者の動機より被害者の心情をしっかりと受け止める。
②いじめの被害はいじめの程度とイコールではないことを心得る。

生徒の立場で考える

CASE-02
話をきちんと聞いてもらえない場合

私はクラスで友人からいじめを受けています。そのことを勇気をふりしぼって先生に相談しました。でもいじめられていると訴えても，真剣に聞いてもらえず，受け流されているような気がします。先生は「それはいじめではないと思うよ」と言うばかりで何もしてもらえません。

WHY 解決へのファーストステップ

ステップ1

　人の感じ方は人それぞれです。生徒が深刻に感じるような内容であっても，ある教師にとっては，「そんなささいなこと，気にすることではない」と思うかもしれません。いじめに対しての感度の低さや人権意識の低さがあるのかもしれません。

ステップ2

　人は見たいものを見て，聞きたいものを聞く生き物です。クラスにいじめがあってほしくないという強い思いは，「それはいじめではないのでは」という考えを引き起こしがちです。
　どのクラスでも，誰にでもいじめは起こるという認識が不足しているのかもしれません。

HOW 対応のポイント

いじめは被害者の感じ方で決まる

「一定の人間関係のある者から，心理的・物理的攻撃を受けたことにより，精神的な苦痛を感じているもの」

これがいじめの定義です。つまり教師が，「それはいじめではないよ」と判定すべきものではないのです。それに本来教師が目を向けるべきことは，いじめかどうかの判断ではなく，困っている生徒にどう手をさし伸べるかということです。いじめは他の人には言いにくいものです。それを勇気を出して生徒が援助を求めても，軽く受け流されたり，感じ方を否定されたりしたら，生徒はどうすればよいのでしょう。インターネットのいじめ相談の掲示板などを見ると，実際にそういったことが後を絶たないことがわかります。

まずは真摯に受け止める。それがいじめかどうかの判定や判断をするのではなく，「つらかったんだね」と受け止めることが必要です。

いじめは友人グループ内でも起きる

いじめは，閉鎖された空間，近い人間関係の中でこそ起きやすいものです。一見仲が良さそうなグループ内で，一人が巧妙に攻撃されていたり，順番に攻撃されていたりということもあります。友達だからいじめではないだろうという見方は禁物です。

いきなり加害者に事情を確認すると攻撃がさらにひどくなることも考えられます。グループ内の第三者に「最近，見ていて様子がおかしいと思うんだけど，あなたの目から見ていてどう？」というふうに，被害者の訴えではなく教師が気づいたという形で聞いていきます。もちろん事実を隠そうとするかもしれませんが，「前は普通だったのに，今は○○さんを避けているように見えるんだよね。何か嫌なことがあったのかなと思うんだよね」と情報を集めながら釘を刺していきます。

ここが分かれ道！BAD／GOOD対応

BAD

生　徒：先生，私Bさんにいじめられているんです。
教　師：え，Bさんって仲が良さそうに見えるけど。
生　徒：でも，嫌なことされているんです。
教　師：まあ，嫌なことはどこでもあるよね。
生　徒：でも，いじめだと思うんです。
教　師：いや，君たちは仲が良さそうに見えるし，いじめではないと思うよ。
生　徒：もういいです。

GOOD

生　徒：先生，私Bさんにいじめられているんです。
教　師：どんなことがあったのか詳しく教えてくれる？
生　徒：私がCさんのところに行くと，話に入ってきてCさんを別の場所に連れて行って，私を一人にさせようとするんです。
教　師：他にはどんなことがあるの？
生　徒：あと陰で私の悪口を言ったり，廊下ですれ違うと顔を背けたり。
教　師：陰で悪口を言っているのはどうしてわかったの？
生　徒：Cさんが教えてくれました。私とつきあうとウザイのがうつるよとか言っているんです。
教　師：他にもBさんにされたことはあるの？
生　徒：だいたい，それくらいです。
教　師：Bさんがあなたを避けたり，孤立させたりしているように感じるんだね。
生　徒：そうなんです。
教　師：毎日顔を合わせる人に，そんなことをされたらつらいよね。
生　徒：そうなんです。

教　師：気が付かなくて悪かったね。
生　徒：いいえ，クラスの他の人も気づいていないと思うし。
教　師：じゃあ，この状況をどうしたらいいかを一緒に考えよう。
生　徒：はい。
教　師：Ｂさんとは，今後どんなふうにつきあっていきたいの？
生　徒：嫌なことさえなければ，今までどおり友達でいたいです。
教　師：もう顔も見たくないじゃなくて，嫌なことさえなければ普通に友達づきあいをしたいっていうこと？
生　徒：そうです。
教　師：じゃあ，Ｂさんが嫌なことをしなくなればいいんだよね。
生　徒：そうです。
教　師：Ｂさんが嫌なことをし出したのはいつから？
生　徒：１か月くらい前です。
教　師：その前に何かきっかけはあったの？
生　徒：いえ，別に。
教　師：じゃあ，何となく嫌なことがたまってきて離れたくなったか，こちらが気が付いていないことで不快にさせたか，Ｂさん自身がストレスがあって，あなたに八つ当たりをしているか。いろいろな可能性があるね。まずは少し情報を集めよう。ひょっとしたらＣさんは何か知っているかもしれないから，先生の方から事情を聞いてみてもいいかな。
生　徒：はい。お願いします。

CASE-02　まとめ

①被害者の困り感をしっかりと受け止める。
②被害者と一緒にどうするかを考える。

生徒の立場で考える

CASE-03
被害者の立場を考えずに，教師が加害者にすぐ伝えてしまう場合

先生にいじめを相談したら，「わかった。何とかする」と言われたのですが，次の日に「あいつに，お前がいじめられて嫌だと言ってるぞって言っておいたからな」と先生に言われました。仕返しが怖いし，二度と先生に言うもんかと思っています。

WHY 解決へのファーストステップ

ステップ1

　加害者の生徒が表面的に反抗的な態度をとらず従順であれば，教師は言えばわかるだろうと事態を軽くみてしまいがちです。

　教師が注意指導したときに，「わかりました」と言っても，心の中では舌を出しているかもしれません。また，注意された不快感は当然，先生に言った被害者に向かいます。そのことに対する想像力が不足しているのかもしれません。

ステップ2

　学校には教師が決めた公式ルールとは別に，生徒が決めた暗黙の了解，非公式ルールが存在します。いじめの事実を先生に伝えることは「先生に告げ口をしてはいけない」という非公式ルールに抵触します。すると制裁や反撃のリスクがあります。教師が被害者の立場，不安を理解していないことに原因がありそうです。

HOW 対応のポイント

情報源を被害者にしない

いじめの事実が発覚し指導する場合，情報源を隠す必要があります。よく使う方法としてアンケートがありますが，何かあったときだけアンケートをとると「誰かがチクったな」と思われます。定期的ないじめアンケートをとることやいじめに限らず学校生活を振り返らせるアンケートを実施することで指導がしやすくなります。

被害者が言ったわけではないというアリバイをつくってあげる。そこまで配慮することができれば，加害者の報復を恐れずに安心して生活することができます。

解決方法は被害者と共通理解を図る

解決には客観的な解決と心理的な解決があります。問題が解決してすっきりしたというのが客観的な解決です。話を聞いてもらえてすっきりしたというのが心理的な解決です。

もちろん，具体的ないじめの事実があり，それが継続していれば指導し，客観的な解決を目指さなくてはなりません。しかし一過性のからかい等であれば，被害者は「話を聞いてもらえればそれでよい」と感じている場合もあります。これが心理的な解決です。

解決方法としてどちらを選択するのかは，被害者と共通理解を図りながら進める必要があります。それを抜きにことを進めると，客観的に解決ができても，被害者に何となくモヤモヤとした感じが残ってしまいます。

いじめの事実を教師に知らせることは、加害者に対しての報復の意味があります。教師に伝えられれば、それ以上のことを被害者が望まないこともあるのです。また客観的な解決に対して被害者が不安を感じる場合も、教師の指導を望まないこともあるでしょう。しっかりと見通しを与えることで被害者の不安を軽減する必要があります。

ここが分かれ道！BAD／GOOD 対応

BAD

生 徒：先生，私，Bさんにいじめられているんです。
教 師：え，どんなことをされているの？
生 徒：からかわれたり悪口を言われたりします。
教 師：それはひどい。わかった。何とかする。
　　　　―翌日―
教 師：Bに，嫌がっているからやめろって言っておいたからな。
生 徒：え!?

GOOD

生 徒：先生，私，Bさんにいじめられているんです。
教 師：え，どんなことをされているの？
生 徒：からかわれたり悪口を言われたりします。
教 師：もう少し詳しく教えてくれるかい。いつ頃からされるの？
生 徒：1か月くらい前から，目が合ったら，キモイとか言ってきます。一度言い返したら，調子に乗るなってすごく怒っていました。近くにいるときにわざと聞こえるように「ああ，キモイなぁ」って言われて，睨んだら「ああ，自分がキモイって自覚しているんだ」って。
教 師：それはひどいことをしているね。
生 徒：はい，もう学校に来たくありません。
教 師：そんな目にあっていたら，学校に来たくなくなるよね。今まで気が付かなくて悪かったね。
生 徒：いえ，わかってもらえたんでいいです。
教 師：絶対にやめさせるように努力するからね。
生 徒：お願いします。
教 師：じゃあBさんを指導することになるけど，いきなり呼び出したら，

チクったと思われるかな。
生　徒：はい，絶対に私が言ったと思うので，それはやめてほしいです。
教　師：そうだよね。このことを知っている人はクラスにいる？
生　徒：はい。ほとんどの人が知っていると思います。
教　師：わかった。じゃあ，いじめアンケートをとろう。名前を書かないでアンケート用紙を配って，次の日封筒に入れて持ってきてもらう。
生　徒：はい。
教　師：封筒は朝の会のときに，全員に後ろの大きな封筒に入れてもらう。そうするとBさんはあなたのことを注目するよね。
生　徒：はい。
教　師：だから，わざと忘れたことにして出さなくてもいいからね。そして，証拠を固めてからBさんに話をするよ。
生　徒：はい。
教　師：Bさんには「最近気になることがあって，アンケートをとったんだけど，それとは別に君の行為について複数書かれていたんだよね。何か心当たりはあるかい」って聞くよ。この言い方で大丈夫かい？
生　徒：はい，大丈夫です。
教　師：今日，こうやって相談に来ていることをクラスの人で知っている人がいるかもしれないね。明日すぐにアンケートをとると，君が言ったと思われるかもしれないから，来週アンケートをとろう。それまでの間，他の先生方とも協力して，しっかりと見守るようにするからね。何かあったら知らせてね。それでいいかい？
生　徒：はい。お願いします。

CASE-03　まとめ

①相談したことを周囲に知られないように配慮をし，情報を集める。
②解決方法の共通理解を図る。

生徒の立場で考える

CASE-04
「自分にも悪いところがあるのでは」と言われる場合

先生にいじめを相談したら，「自分にも悪いところがあるんじゃないの」と言われます。たしかに悪いところはあるのかもしれないけれど，そう言われてもどうしようもありません。我慢しろということなのでしょうか。もう先生のことは信用できません。

WHY 解決へのファーストステップ

ステップ1

　「自分にも悪いところがあるんじゃないの」というのは，いじめは被害者にも原因があるという考えから出る言葉です。たしかにケンカなどのいざこざでは互いに自分自身を振り返る必要があります。しかしいじめに関しては，「どんな理由があってもいじめをしてはいけない」という立場に立たなくてはなりません。いじめについての根本的な認識が不足しているのかもしれません。

ステップ2

　教師がこの言葉を口にするときは，いじめという認識が薄く，人間関係のトラブルとしてとらえているのかもしれません。また，被害者の言動について前から注意したいことがあって，この機会に指導しようとしているのかもしれません。しかし被害者ファーストではなく，加害者に肩入れする姿勢は問題です。

HOW 対応のポイント

何があってもいじめは許さないという意志を示す

　いじめは被害者に問題があるという考えはよく耳にします。では，その被害者が反省し，自分自身を変えたとしたら，いじめはなくなるのでしょうか。実際は，ターゲットが替わるだけでいじめは繰り返されます。いじめは被害者の問題ではなく，加害者の攻撃性の問題だからです。

　集団で生活する以上，誰でも不愉快な思いをし，不快な感情を味わいます。そのときに誰かを攻撃するという行動パターンを身につけてしまうと，大人になっても児童虐待や配偶者暴力など身近で大切な人を攻撃しやすくなってしまうものです。

　そのことを生徒に理解させ，不愉快なことがあってもいじめ以外の方法で解決することを教える必要があります。

攻撃される理由は，いじめが解消してから考えさせる

　たしかにいじめ被害者の中には，知らず知らずのうちに加害者の攻撃を誘発していることもあります。しかし，だからといっていじめが正当化されるわけではありません。加害者には，どんな理由があってもいじめは許されないことや別の解決手段をとることを教え，いじめの解消を図らなくてはなりません。

　攻撃される理由については，いじめが完全に解消してから，「今は嫌な思いはしていないかな。もう二度とあんな思いをしないために，何かできることはあるかな」と考えさせていきます。

　この二段階の指導の順序を逆にしたり，一度にやろうとしたりすれば，被害者は深く傷つくことになるのです。

ここが分かれ道！BAD／GOOD対応

BAD

生　徒：先生，私，Bさんにいじめられているんです。
教　師：え，どんなことをされているの？
生　徒：からかわれたり悪口を言われたりします。
教　師：ひょっとして自分にも何か悪い部分はないのかな？
生　徒：え，それはわかりません。
教　師：理由もないのに，そんなことはしないと思うけど。
生　徒：もういいです。

GOOD

生　徒：先生，私，Bさんにいじめられているんです。
教　師：え，どんなことをされているの？
生　徒：からかわれたり悪口を言われたりします。
教　師：それは許せないね。いつ頃からされるの？
生　徒：1か月くらい前から，目が合ったら，キモイとか言ってきます。
教　師：それはつらかったね。
生　徒：はい，もう学校に来たくありません。
教　師：そんな目にあっていたら，学校に来たくなくなるよね。今まで気が付かなくて悪かったね。
生　徒：いえ，わかってもらえたんでいいです。
教　師：絶対にやめさせるように努力するからね。
生　徒：お願いします。
　　　　―指導し解消した後―
教　師：あのときは，Bさんがからかったり，悪口を言ったりとひどいことをしていたんだけど，今はどうだい。気になることはないかい？
生　徒：はい。大丈夫です。

教師：あんな思いはもうしたくないよね。
生徒：はい。したくありません。
教師：じゃあ，あんな思いをしないために，今回の経験から学んだことってあるかな？
生徒：はい。思ったことをすぐ口に出さないほうがいいと思いました。
教師：思ったことをすぐ口に出さないほうがいいと思ったんだ。それはどうして？
生徒：なんかトラブルの元になるなと思います。
教師：その人に言ったつもりはなくても，聞いている人が，なんか生意気だって思ったり，そんなつもりはなくても嫌な思いをさせるということもあるからね。
生徒：はい，それです。
教師：言葉を考えて出すのは大切なことだね。
生徒：はい。でも自信はないですけど。
教師：誰かの行動を批判するようなことを口にしてしまったときは，まあ，自分もやることあるけれどねってフォローの言葉を付け足したらいいかもね。
生徒：そうですね。それならできそうです。

CASE-04　まとめ
①いじめは何があっても許されないという立場に立つ。
②被害者の改善すべき問題は，いじめが解消してから取り組む。

CHAPTER

1 いじめ被害者への対応で困った場面

被害者と教師とは，いじめ解決を目指すうえで協力関係のはずです。ところが実際には一筋縄ではいかないことも多いものです。本章では被害者対応での困った場面について考えていきます。

いじめ被害者への対応

CASE-01

いじめの事実がはっきりしているのに，被害者が認めない場合

　A君が無視やからかいなどのいじめにあっているという報告が，周囲の生徒からありました。そこで「君のことを心配してくれた人が教えてくれたんだけど」と本人に聞いてみました。ところが本人は頑として，いじめの事実を認めようとしません。加害者の仕返しを恐れているふうでもありません。親身になって聞こうとしているのに，何だか敵視されているようにさえ感じてしまいます。

WHY　解決へのファーストステップ

ステップ1

　いじめの多くは，普段かかわりのある人間関係の中で発生します。被害者加害者と単純に割り切れるものではありません。明らかにいじめの事実があるにもかかわらず，被害生徒が，教師に本当のことを言わないのは，教師との関係よりも加害生徒との関係を大切にしているのかもしれません。

ステップ2

　いじめというのは相手を辱める行為です。すると，された側は，いじめられること自体が恥ずかしいことという認識をもち，事実を認めたがらないものです。また，いじめによって無力感の増した生徒は，事態を解決させようとすることより，自分が我慢することで，いじめの悪化を避けようとする場合もあります。「どうせ言っても無駄だ」という意識です。傷ついた自尊心を回復させ，見通しをもたせた指導が必要になります。

HOW 対応のポイント

相手との人間関係を大切にする

　いじめの事実を打ち明けやすくするためには，教師との信頼関係が肝心なのは言うまでもありません。それと同時にいじめた相手との関係にも配慮が必要です。大人からすると「そんな関係なら離れればいい」と思っても，子どもはそういうわけにもいかないのです。

　友人グループ内でのいじめの場合も，報復を恐れる場合も，いじめの事実を認めなかったという体裁が欲しいのです。そこで被害者，加害者と固定的に決めつけるのではなく，「友達同士で，こういうことはよくあるんだよ」と伝え，お互いに人間関係を学んでいる者同士であるという認識に立たせましょう。

　そのうえで，今回の無視や悪口では，見ている周囲が嫌な思いをしていること，今のままでは，いじめをしている子が，周囲から浮き上がってしまう心配があることを伝えます。そして，その子をよりよくするという観点で，嫌だと思うことについて話してもらいましょう。するといじめをチクったという立場ではなく，友人の援助者という立場になることができます。

ことを大きくしたくない気持ちに配慮する

　いじめの事実が周囲に知られることは，本人のプライドを傷つけます。できれば，そっとしておいてほしいし，他の人を巻き込みたくもありません。当然，ことを大きくしたくない気持ちになります。しかし教師としては，指導のために，ことを大きくせざるを得ないこともあります。ここに生徒本人と教師との意見の対立があるわけです。親身になって聞こうとしているのに，何だか敵視されているように感じるのは，願っていることが違っているからです。おおごとにしたくないし，いじめはないほうがいいという部分で折り合いをつけさせ，解決に導きます。

ここが分かれ道！BAD／GOOD対応

BAD

- 教 師：実は，君がB君にいじめられているという話を聞いたんだけど，心当たりはあるかい？
- 生 徒：え，そんなことありません。
- 教 師：無視されたり，悪口を言われたりというのをクラスの人が見ているんだ。本当のことを言ってほしいな。
- 生 徒：友達同士だから，ふざけてやっているだけです。
- 教 師：それで嫌な思いはしていないの？
- 生 徒：別に，こっちも楽しんでいます。
- 教 師：そうか。でも無視や悪口は良くないよなって，君に言っても仕方がないか。
- 生 徒：B君とは友達だし，僕はいじめられるような弱い人間ではありません。
- 教 師：ふうん，わかった。何かあったら教えてくれよ。
- 生 徒：はい。

GOOD

- 教 師：最近調子はどう？　楽しく過ごしている？
- 生 徒：はい，楽しいです。
- 教 師：実は，君とB君との関係について，心配してくれている人がクラスにいるんだ。何か心当たりはあるかい？
- 生 徒：いえ，別に。
- 教 師：そうなんだ。じゃあ周りが心配するほど，君自身はB君との間で嫌な思いはしていないのかな。
- 生 徒：はい，そうです。
- 教 師：そうなんだね。こういうことは友達同士でもよくあることだし，B君も悪気はないと思うんだけど，考えてほしいことがあるんだ。

生　徒：何でしょうか。
教　師：二人の関係を今よりももっとよい形にする方法。さらによい形になるように力を貸してもらえるかい？
生　徒：はい。
教　師：B君は君に対して，気を許してやっているようなんだけど，B君は楽しくしようと思って，たまにふざけるときがあるよね。
生　徒：はい。
教　師：そのふざけは，放っておくとすぐに悪ふざけになって，もっと放っておくと周りから見ると嫌がらせに近い状態になるんだ。
生　徒：はい。
教　師：今，B君の行動で周りが嫌な思いをしているんだ。自分がされたらどうしようって不安になるし，このままではB君自身が周りから嫌われてしまうよ。それは避けたいんだけど。友達を助けてくれるかい？
生　徒：はい。できることなら。
教　師：B君に人とのかかわりを学んでほしいんだ。今は自分の楽しさで頭がいっぱいになって，周りが嫌な思いをしているのに気づかないでいる。そういうところないかい？
生　徒：ありますねぇ。
教　師：だから本人が気づいていない部分を教えてあげたいんだけど。もちろん君との友人関係が悪くならないように配慮はするからね。どんなふうに本人に言ったらいいか，あるいは言わない場合はどうなるか。メリット，デメリットを一緒に考えてほしいんだ。
生　徒：はい。わかりました。

CASE-01 まとめ

①友人関係の場合，悪者をつくらないような決着をさせる。
②対応は，メリット・デメリットを検討させ，本人に意思決定に参加させる。

いじめ被害者への対応

―― CASE-02 ――
いじめをされていることに気が付かない場合

　Aさんが、からかわれたり、馬鹿にされているというクラスの子からの訴えがありました。周囲に聞いてみたところ、多くの子がAさんがいじめにあっていると感じているようです。そこで、そのことを本人に確認しました。すると本人は、全くいじめられている自覚がないことがわかりました。これではいじめ加害者への指導も十分にできません。

WHY 解決へのファーストステップ

ステップ1

　いじめかどうかの線引きは、された側の感じ方によります。明らかにいじめだと思う事例でも、本人がそう感じていないこともまれにあります。そもそも感じ方は人それぞれです。空気が読めないタイプの子どもには、言動の裏側にある悪意に気づかず、いじめられている自覚がない場合も多いようです。

ステップ2

　ある事柄が見えないとき、思い込みが邪魔をしていることもあります。この子の場合、周囲とのかかわりは、からかい以外は多くありません。友達が欲しい。彼は友達だ。彼は楽しんでいる。だからいじめではない。そんな思い込みの強さは、都合の悪い現実にふたをしてしまいます。人は見たいものを見る生き物だからです。根底に孤立することへの恐れがないかが鍵になります。

HOW 対応のポイント

本人の受け止めを否定しない

　いじめだと思っていない本人に,それはいじめだよと教師が伝えても,本人は自分自身を否定された感覚を味わうだけです。そうなれば,いじめであることを受け入れるより,教師の言葉を否定したくなるものです。

　まずは,本人の受け止め方を尊重し,「あなたは,それくらいのことはいじめだと感じていないんだね。それは頼もしいね」と伝えましょう。

　わざわざ,これはいじめだよと考え方を変えさせる必要はありません。ただ,そのときの気持ちについてはしっかりと確認することが求められます。

周囲の受け止め方を伝える

　乱暴な言い方や行為に対してどう感じるか。その感度は人によって大きく違うものです。暴言が飛び交うときに,言われた側が平気でも,側にいるだけの言われていない人間がひどく傷つくこともあります。

　言われても平気な生徒の中には,人の気持ちを想像することが苦手で,言っている側の悪意を汲み取れていないこともあります。周囲が嫌な気持ちになるという漠然とした言い方ではなく,具体的に話す必要があります。

　教師が大声で叱責することによって,言われていない子どもが不登校になるという事例も多くあります。

　そういった事例を伝え,被害者側には,気にしているか,していないかの問題だけではなく,周囲に不安になる生徒がいるかもしれないことを知らせましょう。実際には,具体的に周囲の声を聞いてから被害者に話すとよいでしょう。

ここが分かれ道！BAD／GOOD 対応

BAD

教　師：君がされていることを見て，いじめじゃないかと心配している人がいるんだけど，君はどうなの？
生　徒：え，別にいじめだとは思っていません。
教　師：でも内容からするといじめだよ。見過ごすわけにはいかないなぁ。
生　徒：でも，言われたら言い返しているし，何とも思っていません。
教　師：でも周りから見ると明らかにいじめだし，周りの子も，自分もいつかされるんじゃないかと不安になるよ。だから今の状態はそのままにしておけないよ。
生　徒：じゃあ，どうすればいいんですか。僕が悪いんですか。
教　師：いや，そういうわけではないよ。
生　徒：（わけがわからない）

GOOD

教　師：君がされていることを見て，いじめじゃないかと心配している人がいるんだけど，君はどうなの？
生　徒：え，別にいじめだとは思っていません。
教　師：ああ，いじめだとは思っていないんだね。
生　徒：言われたら言い返しているし，何とも思っていません。
教　師：言われても言い返せるし，別に平気なんだね。
生　徒：はい，何とも思っていません。
教　師：それは頼もしいね。
生　徒：はい。
教　師：少々嫌なことがあってもへこたれないんだね。
生　徒：はい。
教　師：言われたら言い返しているそうだけど，具体的にどんなときに，何て言われるの？

生　徒：えっと，顔を合わせるたびに，キモイって言ってくるかな。
教　師：顔を合わせるたびに，キモイって言うんだ。
生　徒：そうです。
教　師：それで，君は何て言い返しているの？
生　徒：は，そっちこそキモイって。
教　師：そのやりとりは楽しくてやっているの？
生　徒：いや，楽しくない。でも友達だとは思っている。
教　師：友達だったら，もっと楽しい会話になるといいよね。
生　徒：うん，それはそうです。
教　師：仲良しの人の会話，それともケンカしている人の会話，どっちに近いと思う？
生　徒：仲良しではない，ケンカかな。
教　師：周りの人は，ケンカのような会話をしょっちゅう聞いたら，どう感じるかなぁ？
生　徒：嫌な気持ち。
教　師：仲が良いほどケンカするっていう言葉もあるからね。ケンカするのは仕方がないけど，今の状態は周りを嫌な気持ちにさせちゃうね。
生　徒：それはダメだね。
教　師：中には，次は自分が言われるんじゃないかって不安になって，教室で安心して過ごせない人もいるかもしれない。じゃあ，今，何が必要だろうね。
生　徒：もっと仲良く会話ができればいいと思います。

CASE-02　まとめ

①被害者の受け止めは変えない。
②周囲の受け止めを伝え，必要なことは何かを考えさせる。

いじめ被害者への対応

CASE-03
過去にいじめをしたことがあり，反撃されている場合

Aさんがいじめられているのではないかと感じています。周囲に確認すると，過去にいじめをしていたせいで反撃されているらしいことがわかりました。本人に聞いても自業自得だという姿勢で，いじめを問題視しようとする感じは見られません。対応に困っています。

WHY 解決へのファーストステップ

ステップ1

いじめが悪いことは，誰もが理解しています。しかし，集団の中で許容されやすいいじめがあることも事実です。それは自己中心的な言動に対しての制裁の面をもつ場合や，過去にいじめを行っていた者に対する反撃の場合です。この場合，被害者が大人に相談しにくく，事態がエスカレートしやすくなります。

ステップ2

生徒の中には，いじめを大人に報告するのは卑怯であるという空気や暗黙のルールが存在しやすいものです。それにも増して，いじめをしていて反撃された場合，それを教師に言うのは集団の中では，より卑怯で恥ずかしい行為とされやすいものです。被害者は自分自身の立場をより悪くしないために行動しないこともあります。

HOW 対応のポイント

被害者の苦しみを理解し受容する

　被害者は，大人に相談したら，「それは自業自得じゃないか」と言われると思っていることでしょう。そうするとそのつらさを口にすることができなくなります。
　しかし，自業自得だからと言われたら，つらさはなくなるのでしょうか。そのつらさは感じてはいけないものなのでしょうか。
　「自分に原因はあるのかもしれないけど，それはつらいよね」という声をかけ，苦しみを言葉にさせることが大切です。

過去の行為の責任を一緒に背負う

　過去のいじめが原因で起きた現在のいじめを許容すれば，未来のいじめも許容することになってしまいます。
　しかし，現在のいじめだけを教師が指導すると不公平感が出てしまい難しいものです。過去のいじめが以前のクラスのものであれば，ある程度切り離して考えさせやすいかもしれません。しかし現在のクラスで起こったものであれば，一連のこととして生徒はとらえてしまい，仕方のないことだと考えてしまいます。
　過去のいじめが現在のクラスで起こったものであれば，被害者だけにその責任を負わせるのではなく，教師もその責任があるというスタンスでいることで被害者に寄り添うことができます。過去に原因があったとしても，それでもなお許されないのがいじめなのです。
　学級では絵本『もっとおおきなたいほうを』(二見正直作，福音館書店)を読み聞かせし，教室に置いておくのも効果的です。やり返すことの虚しさが感じられることでしょう。

ここが分かれ道！BAD／GOOD 対応

BAD

教　師：最近元気がないみたいだけど，クラスで嫌なことをされているんじゃないのかな？
生　徒：まあ，嫌なことはあるんだけど。いいんです。
教　師：よくはないよ。それって，いじめだし，許されないことだよ。
生　徒：いや，いいんです。放っておいてください。
教　師：そういうわけにはいかないよ。
生　徒：いいんです。自分もやったことあるし，お互い様ですから。
教　師：え，それはそうかもしれないけど，でもね。
生　徒：もういいです。

GOOD

教　師：最近元気がないみたいだけど，クラスで嫌なことをされているんじゃないのかな？
生　徒：まあ，嫌なことはあるんだけど。いいんです。
教　師：嫌なことはあるけど，いいんですって感じ？
生　徒：そうです。
教　師：あまり話したくない気持ちなのかな？
生　徒：そうです。
教　師：自分の元気さは，1から10の数字で言うとどれくらいなのかなぁ？
生　徒：4くらいかな。
教　師：嫌なことがなかったら，どれくらいなの？
生　徒：嫌なことがなければ8くらいです。
教　師：それは，よっぽど嫌な思いをしているんだね。つらいね。
生　徒：うん。
教　師：どうにかしようとは思わないのかな？

生　徒：うん，自業自得だから。
教　師：自業自得だと思っているんだ。
生　徒：そう，自分も同じことをしていたからね。
教　師：自分が同じことをしていたとしても，それはつらいね。自分だけ相手を責めるわけにもいかないと思っているのかな？
生　徒：そう。
教　師：自分が同じことをしていたことを今，どう思っているの？
生　徒：やらなければよかったなって。
教　師：後悔しているんだ。
生　徒：うん。
教　師：やったことは自分に返ってくるもんね。相手に責められたり，自分を責めたり。
生　徒：うん。
教　師：君が以前したことは，許されない行為だ。でも前の行為に気づかなかった先生にも責任はある。
生　徒：そんなことないです。
教　師：君が以前したことが許されないように，今されていることも許されない行為だ。今の相手も，後悔するかもしれない。こんな馬鹿げた連鎖は断ち切らなくてはならない。それは前に失敗した先生と君の役目かもしれない。一緒に協力して今回の件を解決しようよ。
生　徒：はい。

> **CASE-03　まとめ**
> ①自業自得であっても，つらいものはつらい。
> ②前のいじめの責任を一緒に負って，一緒に解決方法を考える。

いじめ被害者への対応

CASE-04
訴えている内容が一方的で事実と違う場合

A君が周囲からいじめられて，つらいと訴えてきました。周囲には，そんな様子はなく，むしろ彼に気を使っています。具体的に話を聞いても，してほしいタイミングでしてもらえなかったことをいじめと感じているようです。受け止め方に問題があるのではと思ってしまいます。

WHY 解決へのファーストステップ

ステップ１

　本人の感じ方と周囲の感じ方に大きなギャップがあるケースは少なくありません。周囲の感じ方を伝えても，自分はこうだと頑として言い張ります。単に思い込みが強いだけのように見えます。こういう場合は，本人の「こうあってほしい」という願いが「こうあるべきだ」という考えに変わってしまっている可能性もあります。

ステップ２

　周囲の気持ちを理解することの苦手な生徒ほど，自分の状態を周囲が理解してくれないことを理不尽に思いがちです。そうすると「された」「してくれない」といった被害感情が大きくなります。
　また，理想と現実の相違でつらく感じた思いが，吐き出せる相手に一気に向かっているのかもしれません。

HOW 対応のポイント

すべてを吐き出させる

　クラスには，周囲とコミュニケーションをうまくとれずに，日常的にストレスを味わっている生徒もいるでしょう。休み時間などのフリーな時間に周囲から話しかけてほしいけれど，自分からはうまく話せない。そんなときは仲間外れにされていると感じてしまいます。

　まずは，どんな場面でどう感じたのかをしっかりと聞き出します。その際に紙やホワイトボードに記録するなど，後に振り返りやすいようにするのもよいでしょう。生徒の言葉を批判せずに，まずはすべて吐き出させます。そのことで本人の言葉に矛盾が生じることもあります。

どうしてほしかったかを吟味する

　本人がつらさや悲しみを感じるときは，こうしてほしかったという思いがあるはずです。それを聞き出してから現実的にどうであるかを検討します。あまりにも自己中心的な言動が続くときは，「まるで自己中心的な人みたいな言い方をしているけど，どうしたの」と牽制します。

　相手にしてほしかったことで得られることが明確になれば，それを自分で得るためにはどうしたらよいかを考えます。

　先生は，自分ではなく，みんなの味方だと思わせると心を閉ざしてしまいます。他の生徒の考えを伝えるときは，あくまでも君の味方であるというスタンスで伝えることが求められます。

ここが分かれ道！BAD／GOOD 対応

BAD

生　徒：みんなに嫌なことをされます。いじめです。何とかしてください。
教　師：確認したんだけど，周りはそう思っていないようだよ。
生　徒：先生は，どうせみんなの味方だからじゃないですか。
教　師：嫌なことって言うけど具体的に何をされたの？
生　徒：みんなで集まるときに声をかけてくれなかったり。
教　師：自分から入ればいいじゃない。
生　徒：そんなことできるわけないじゃないですか。もういいです。

GOOD

生　徒：みんなに嫌なことをされます。いじめです。何とかしてください。
教　師：みんなに嫌なことをされたらつらいよね。どんなことをされたの？
生　徒：みんなで集まるときに声をかけてくれなかったり。
教　師：自分だけ一人でいたら，何だか寂しく感じるよね。
生　徒：そうなんですよ。話しかけてもくれないし。
教　師：そんなときに，自分から話しかけることは，今までにあったの？
生　徒：そんなことできません。
教　師：それはどうして？
生　徒：だって嫌な顔をされるに決まっているから。
教　師：嫌な顔をされるのは決定しているの？
生　徒：たぶん。
教　師：それで，君はどうしてほしいの？
生　徒：一人でいるのは嫌です。自分だけがのけ者にされてるみたいで。
教　師：でも自分からは話しかけたくないんだ。
生　徒：はい，嫌な顔をしないで普通に呼んでほしい。
教　師：それって，自分はできないけど相手にはしろっていうことになる

　　　　ね。
生　徒：そうかもしれません。
教　師：それはお金を払っているお客さんと店員さんとの間には成り立つけど，同級生にそれを望むのは難しいと思うけど。
生　徒：そういうもんですかねぇ。
教　師：もちろん悪口とかはダメだけど，みんな，それぞれの思いで行動しているだけだよ。実際に確認したけれど，びっくりしていたよ。君をいじめようとか，いじわるしようとか思っているわけではないよ。
生　徒：そうなんですか。
教　師：先生の目には，まるで君が自分の思いどおりにならないとすぐに怒る人のように見える。実際はそうではないから，よっぽど嫌なことがたまっていたんだね。
生　徒：はい。
教　師：一人で寂しい思いをしたくないだけだよね。
生　徒：そうです。
教　師：それをかなえるために，君が望んでいることはとても難しい方法だよ。
生　徒：そうなんですね。
教　師：一人で寂しい思いをしないために，もっと確実で，君自身ができる方法を一緒に考えようか。
生　徒：はい。

CASE-04　まとめ
①事実にかかわらず，感情は受け止める。
②自分自身のできる行動について検討させる。

いじめ被害者への対応

CASE-05

過度に敏感であると感じられる場合

A君が，いじめられたとたびたび訴えてきます。話を聞くといじめとは思えないようなことばかりです。少し敏感すぎるようにも思います。本人の気持ちを頭から否定するわけにもいかず苦慮します。

WHY 解決へのファーストステップ

ステップ1

「羹に懲りてあえ物を吹く」ということわざがあります。生徒がささいなことでも教師に訴えてくるのは，それが過去に経験した嫌なことを思い出させるのかもしれません。またあのときのような目にあうのではないかという不安が根底にある場合もあります。

ステップ2

人の感じ方は，人それぞれです。5人に1人の割合で，人一倍敏感な子ども（HSC = Highly Sensitive Child）もいるようです。HSCは刺激を受けやすく，他の子どもが平気なことでも苦痛に感じることが多くあります。あまりにも敏感だなというときは，そういった特性をもっている場合も考えられます。

HOW 対応のポイント

感じ方の違いを否定せずに受け止め，安心させる

「人の痛いのは三年でも辛抱する」ということわざがあります。本人がつらさを訴えても，客観的に見ると，「そんなに気にしなくてもいいのでは」と思えば，真剣に取り合おうとしないものです。

感じ方は人それぞれです。まずは，本人の感じ方，受け止めを否定せずに受け止めます。「怖かった」と言えば，「怖かったんだね」，「つらかった」と言えば「つらかったんだね」と言葉を繰り返します。

理解してもらえたという気持ちは安心につながります。本人が感じるつらさそのものは軽減できなくても，身近で安心して，吐き出せる関係性があれば，そのつらさにとらわれることは減るはずです。

特に敏感な子どもは誰にでもそれを打ち明けられるわけではありません。安心して話せる関係性が必要です。

多様性に対応した教室マナーをつくる

これは遊びだから OK だというラインは，人によって感じ方が違います。遊びだから OK ではなく，遊びでもダメなものを共通理解することが，誰にでも過ごしやすい教室につながります。

ただし，敏感な生徒の基準でルール化していくと反発も予想されます。ルールになると，できなければ指導されるからです。できないと叱られるルールとして扱うのではなく，できれば褒められるマナーとして浸透させることも方法の一つです。

敏感な生徒がいる，いないにかかわらず，教室内で嫌だと感じることをクラス全員に確認することも重要です。その際には口頭で発表させるのではなく，紙に書かせるなどの配慮も必要です。

ここが分かれ道！BAD／GOOD対応

BAD

生　徒：クラスにいると嫌なこととかいじめとかいろいろあります。つらいです。

教　師：他の子は，そう感じていないみたいだけど，少し敏感すぎるようにも思うんだけど。

生　徒：でも嫌なこととかたくさんあるんです。

教　師：嫌なことはあるのが当たり前なの。

生　徒：……。

教　師：もちろん，いじめはダメだけどね。

生　徒：……。

GOOD

生　徒：クラスにいると嫌なこととかいじめとかいろいろあります。つらいです。

教　師：嫌なこととかいじめとかいろいろあるように思うんだね。

生　徒：そうです。嫌なこととかたくさんあるんです。

教　師：それは自分にされていること，それとも他の人がされていること？

生　徒：自分にされているときもあるけど，他の人がされていて許せないって思うこともあります。

教　師：きっとあなたは優しくて正義感が強いんだね。それは素敵なことだね。

生　徒：そうですか。

教　師：他の人がされたことでも，自分がされたみたいに，すごく嫌に感じることってあるのかな？

生　徒：あります。

教　師：まずは自分がされて嫌だったことと，他の人がされていて嫌だっ

　　　　たことは分けて聞くね。
生　徒：はい。
教　師：他の人がされていて嫌だったことはどんなことかな？
　　　　（事情を聞く）
教　師：他の人がされていて嫌だったときは，嫌だったんだよねって言いに来て。嫌なことはためないで吐き出すことが大事だからね。
生　徒：はい。
教　師：自分がされて嫌だったことは何？
　　　　（事情を聞く）
教　師：されたときは，どんなふうに思うの？
生　徒：どうしていいかわからなくなって，前にいじめにあったことを思い出します。
教　師：それはつらいね。相手は君にだけそうするの，それとも誰にでもするの？
生　徒：みんなにします。
教　師：悪気はないのかもしれないけれど，君が嫌な思いをしていることを伝えようか。
生　徒：はい。
教　師：それでも，何か嫌なことをされたら，すぐに逃げてきて。
生　徒：はい。
教　師：先生のところは安全な場所だから。避難してきていいからね。
生　徒：はい。

CASE-05　まとめ

①感度の違いを理解する。
②安全で安心できる場所をつくる。

いじめ被害者への対応

―― CASE-06 ――
嫌と言えず，嫌なことを押しつけられている場合

A君がたびたび嫌なことを押しつけられているという周囲からの訴えがありました。もちろん周囲には指導しましたが，本人自身にもきちんと断る力をつけてほしいと思います。

WHY 解決へのファーストステップ

ステップ1

ひょっとすると，「友達なら頼みごとを聞くものだ」「人には親切にするものだ」「人の頼みを断ってはいけない」という思い込みがある場合も考えられます。押しつけられた行動に本人が腹を立てているか納得してやっているかで考え方がわかります。また，日常的に支配的なコミュニケーションパターンに慣れてしまっていることも背景にあるのかもしれません。

ステップ2

嫌なことを押しつけられたときでなくても，何かを断るのは勇気がいるものです。またしつこく頼む相手に断り続けるよりも，聞いてあげたほうが面倒ではないものです。断る言い方（フレーズや口調，表情）を身につけていない生徒も多くいます。他のことなら断れるのか，他の人なら断れるのか，普段の様子を観察する必要があります。

HOW 対応のポイント

思い込みを解き,本人の責任と相手の責任を分けて考えさせる

　ひょっとすると「友人の頼みは聞くべきだ。それが友人だ」という思い込みをもっているのかもしれません。あるいは断ることのできない自分にそう言い聞かせていることもあるでしょう。

　「友人の頼みは聞くべきだ」といった思い込みを,「自分がやってあげたいなと思ったら,友人の頼みを聞いてあげても構わない」といった無理のない考えに変えると本人が楽に過ごせるようになります。

　ゴミを捨てることを押しつけられた生徒は,押しつけた生徒がその場から逃げてしまえば,それを自分の責任だと感じて捨てます。真面目で責任感のある態度は,押しつける側にすれば好都合です。

　何かを押しつけられても,それは自分の問題や責任ではなく,相手の責任であるという考えのバリエーションを増やしてあげることも大切です。

断り方を練習する

　「ごめんなさい。○○だからできないよ」

　こんな言い方を生徒同士でやらせると,苦手な生徒は,弱々しかったり,断りの言葉が聞こえなかったりします。

　まずは教師相手にしっかりと練習することが大切です。断るときは言葉以上に口調や表情,態度がものを言います。実際にいじめの場合は断ったからやらないというわけではありませんが,それにかかわらず断るスキルは練習し身につける必要があります。

ここが分かれ道！BAD／GOOD 対応

BAD

教 師：君が嫌なことを押しつけられているって，周囲の人が心配していたんだけど，君はどう思っているのかな？
生 徒：それほど嫌でもないし，断るのも面倒だから。
教 師：でもそれだとどんどん押しつけられるようになるんじゃないかな。
生 徒：でも断っても，どうせ聞かないし。
教 師：きちんと断れないと大変だよ。今度から断ろう。
生 徒：はあ。

GOOD

教 師：君が嫌なことを押しつけられているって，周囲の人が心配していたんだけど，君はどう思っているのかな？
生 徒：それほど嫌でもないし，断るのも面倒だから。
教 師：やってあげて嬉しいっていう気持ちはあるの？
生 徒：嬉しいわけじゃないけど，断ったら悪いし。
教 師：断ったら悪く感じるのかな？
生 徒：うん，そう。
教 師：でも，なんで自分だけって思うことはないのかな？
生 徒：いつも，そう思ってる。
教 師：それでも我慢してやっているのは，自分よりも相手を大切にしていることになるね。
生 徒：そうなるのかなぁ。
教 師：自分も相手も大切にするためには，断る力が必要だけど，ひょっとすると苦手じゃないのかな？
生 徒：そうです。だって断って嫌な顔をされるのも嫌だし。
教 師：でも，それで君が嫌な思いをして我慢するのは何だかおかしいよ。
生 徒：どうすればいいんですか？

教　師：嫌だと思ったら，1回は聞くけど2回目は必ず断るとか決めておくといいかもね。
生　徒：どうやって言うんですか？
教　師：「悪いけど，1回は親切でやろうと決めているんだけど，2回目からは，相手がしてくれてからするって決めたんだ。これが自分のポリシーだからわかってよ」っていうのはどう？
生　徒：うーん，難しい。
教　師：じゃあ「ごめん，自分はやらないよ。自分のことで精一杯だから」ってひたすら言い続けるのはどう？
生　徒：それでもしつこく言われたらどうするんですか？
教　師：同じ回数だけ言う。他のことは言わないで同じことだけ言う。
生　徒：もしそのまま押しつけて行っちゃったらどうするんですか？
教　師：それは君の問題ではなく相手の問題。先生に知らせてくれればそれでいいんだよ。できそう？
生　徒：うーん。
教　師：じゃあ，実際に練習をしてみよう。先生の肩を揉んでくれないかなぁ。
生　徒：やりません，自分のことで精一杯です。
教　師：相手の目を見て強い口調で言ってみよう。もう少し練習をしようか。
生　徒：はい。

CASE-06　まとめ

①断ることの大切さを教える。
②実際に断り方を考えさせ，練習させる。

いじめ被害者への対応

CASE-07

自分が悪いと思い込んでいる場合

A君へのいじめが発覚し，事実を確認したところ，「自分が悪いから仕方がない，指導しなくてもいい」と言います。どうやらいじめられるのは，自分自身の責任だと感じているようです。本人がそう感じていると加害者側への指導もしにくくなります。

WHY 解決へのファーストステップ

ステップ1

　自分をいじめる子は，自分のダメな部分を罰したり教えてくれたりしているんだと被害者が考えることもあります。それは加害者側が，そういう口実を口にしていじめていることにも一因があるでしょう。また，自己肯定感が低いほど，状況は変えられないという思いが強くなります。

ステップ2

　何か困難な状況に置かれたときに，周囲を責めるタイプと自分を責めるタイプの人とに分けることができます。前者は「なんで自分ばかりこんな目にあうんだ」と考え，後者は「どうせ自分が悪いんだ」と考えます。それはもともとの思考パターンとしてもっているものが関係しているのかもしれません。

HOW 対応のポイント

目的と手段に分けて考える

　目的が正しければ,手段が正当化されるわけではありません。被害者の間違った部分を教えるのが目的だとしても,その人格を否定するような言い方は決して許されるものではありません。

　被害者側の「そんな言い方しなくても……」という言葉は,「だって自分が悪いんだから仕方がない」という加害者側の言葉でかき消されてしまいがちです。

　仮にレストランで注文と違うものが来たとしても,それはそっと伝えればよいことで,レストラン内で大騒ぎするのは間違っています。生徒と一緒に目的と手段をきちんと分けて考えることが大切です。

自分が悪いという思いを緩和する

　自分自身を否定される言葉を多くかけられている生徒は,自分が悪いという思い込みをもちます。その悪いという思いにも,「自分自身の行為がたまたま悪かった」というものから「自分自身の存在が悪い」というものまで段階があります。

　いじめの中で自分自身を否定されていると,自分自身の存在が悪いと思ってしまいます。そんな生徒に相手が悪いと言っても受け入れられないものです。そんな場合は,

　自分が悪い→自分自身の行為が悪い→自分自身のそのときの行為が悪い
というように自分が悪いと感じるレベルを徐々に緩和する必要があります。

ここが分かれ道！BAD／GOOD 対応

BAD

教 師：君に対してひどいことをした生徒がいるって聞いたんだ。相手を指導しようと思うんだけど、実際はどうなの？
生 徒：自分が悪いから仕方がない、指導しなくてもいいです。
教 師：どうして君が悪いの？
生 徒：空気が読めなくて場をシラケさせるって。
教 師：別に悪いことじゃないよ。
生 徒：それは事実みたいだからいいんです。

GOOD

教 師：君に対してひどいことをした生徒がいるって聞いたんだ。相手を指導しようと思うんだけど、実際はどうなの？
生 徒：自分が悪いから仕方がない、指導しなくてもいいです。
教 師：自分が悪いからって思っているんだ。どんなところが悪いの？
生 徒：空気が読めなくて場をシラケさせるって。
教 師：空気が読めなくて場をシラケさせるって、君自身も思っているの？
生 徒：いや、自分ではわからないです。よく言われます。
教 師：そうなんだ。自分では普通のつもりなのに、そう言われたら、何もかも否定されているようで、つらいよね。
生 徒：はい、そうなんです。
教 師：だんだん自分の考えや自分自身のことに自信がもてなくなるよね。
生 徒：そうです。
教 師：今回は自分で悪いことをしてやろうと思ってやったことはあるのかい？
生 徒：いいえ。
教 師：そうか、自分ではわからないけど周囲が言うならそうだろうって、

周りの声を参考にして判断したのかな。
生　徒：そうです。
教　師：いつでも君が悪いとは限らないよ。君は自分が悪いって言っているけど，その判断はもともとは誰の判断なの？
生　徒：B君がそう言うから，そうなのかなって。
教　師：ひょっとして，それは君に罪悪感をもたせてB君自身の行為を正当化している。そういう可能性はないかな？
生　徒：あるかもしれません。
教　師：仮に自分にも直す部分があったとしても，本当はどうしてほしかったの？
生　徒：悪口とか馬鹿にした口調で言わないで，普通に教えてほしい。
教　師：そうだよね。君は誰かに何かを教えるときに，B君にされたように言うのかい？
生　徒：いいえ，たぶんそうしないで，普通に伝えます。
教　師：それが普通だよね。君のほうが正しいと思うよ。
生　徒：はい。
教　師：B君の今回の言い方は行きすぎた部分がある。先生がそう考えるのはおかしいのかなぁ。
生　徒：いいえ，そんなことはないです。
教　師：じゃあ，そこの部分については正しくないことを伝えるからね。それはいいかい？
生　徒：はい。わかりました。

CASE-07　まとめ

①**本人の困ってきたことを理解する。**
②**どうせ自分が悪いと思い込んでしまう自信のなさを理解する。**

いじめ被害者への対応

CASE-08

どうしても加害者が許せない場合

Aさんが，自分をからかったり，馬鹿にした相手がどうしても許せないと言って折れません。加害者側は謝り，もう二度としないと言っています。いつまでもひきずらずによい人間関係を築いてほしいと思います。

WHY 解決へのファーストステップ

ステップ１

いじめを受けた際には，突然のことで言い返せなかったり，我慢したりと気持ちにふたをしていたのかもしれません。いじめられたときに言い返せなかった悔しさは，あとになってこみあげてきます。その子にとっては，まだいじめが終わっていないのです。

ステップ２

ひょっとすると，反撃をやめるとまた攻撃されるのではという不安が根底にあるのかもしれません。嫌な気持ちを吐き出し強い言葉を出すことで自分を守ろうとしているのかもしれません。心の中は戦闘態勢になっているわけです。許すことで楽になれる気持ちもあれば，許さないことで保たれる気持ちもあるのです。

HOW 対応のポイント

許さないのは当然というスタンスに立つ

　人を許すことは美徳です。ただし，許すのは相手が心から反省しているときです。そうでなければ，いじめを許容してしまうことになるからです。今の自分が相手を許せない気持ちは，他の人がいじめられることを許さない気持ちにもつながります。それは間違った思いではありません。

　許せないことの心の狭さや不寛容さを指摘するのではなく，その気持ちをそのまま受け止めてあげることが大切です。わかってもらえた思いには人は固執しないものです。

　ただし，「一生許さない」という言葉を「今は一生許せないという気持ちになっているんだね」といった言い換えをしながら，柔軟な思考を促していくことも必要です。

悔しい思いを言葉に出させる

　あのときに，ああしていればという後悔は人生につきものです。許せないという思いを抱いているときには悔しさや腹立たしさの真っ只中にいます。何度も思い返しながら，そのときには言えなかった言葉を噛みしめているのかもしれません。

　その言えなかったという思いは，過去に向いた思いです。未来に気持ちを切り替えるには，やり残したことを疑似的にでもやりとげることも必要です。いじめられたときに言えなかった言葉を，教師を加害者に見立てて言わせたり，やりそこねた行為を尋ねたりすることが必要です。そして，それを実際にしなかったことの肯定的な面を考えることで，過去の自分を客観的に振り返ることも効果があります。

ここが分かれ道！BAD／GOOD 対応

BAD

生　徒：先生，私，B君のことが許せません。
教　師：そうか。B君も悪いと思って謝ってくれているんだし，そろそろ許してあげたらどうだい。
生　徒：無理です。一生許しません。
教　師：忘れることも大切だよ。
生　徒：でも，忘れられないんです。悔しくて。
教　師：そうか。

GOOD

生　徒：先生，私，B君のことが許せません。
教　師：そうか。B君のことが許せないって思っているんだね。
生　徒：そうです。一生許さないつもりです。
教　師：今は一生許せないって思っているんだね。
生　徒：そうです。あんなひどいことされたんだし，今でも悔しくて。
教　師：ひどいことをされたことを思い出して悔しくなるんだね。
生　徒：はい，そうです。
教　師：一日に何度も思い出しちゃうのかな？
生　徒：はい，そうです。思い出したくないのに。
教　師：そうか。それはつらいね。楽しくしているときでも突然思い出したりすることもあるのかな？
生　徒：はい，そうなんです。なんでこんなこと考えているんだろうって自分が嫌になります。
教　師：相手は一応謝ってくれているけど，それで何もかもなしになるわけじゃないしね。
生　徒：そうなんですよ。
教　師：今は一生許したくないって思うくらい，つらい思いの真っ只中に

いるんだね。
生　徒：そうです。
教　師：じゃあ，無理に許そうとしなくてもいいと思うよ。
生　徒：そうですか。
教　師：許す，許さないではなく，許すときは，きっと自然に許せているんだと思う。でも，それには時間が必要だね。
生　徒：はい。
教　師：今は許すことよりも，思い出すと悔しくなる自分の気持ちのほうが大切だよ。でも先生は二度とあんな思いをさせないようにするからね。
生　徒：はい。
教　師：いじめを受けたときに，こうやって言い返せばよかったなと思うことってあるかい？
生　徒：あります。それで今でも悔しくて，後悔しています。
教　師：それって，つらいよね。全く同じ体験をしたわけじゃないけど，似たような経験はしたことがあるから，気持ちはわかるよ。
生　徒：そうなんですね。
教　師：もし先生が，そのときのいじめた相手だとしたら，どんなことを言ってやりたかったの？
生　徒：何か言われたら，だから何？関係ないんだから消えてって言いたい。
教　師：そうだよね。時薬（ときぐすり）という言葉があるんだけど，今は心を癒すための時間が必要だね。

CASE-08　まとめ

①許せないという気持ちを100％受け止める。
②言えなかった悔しい思いを言葉にして出させる。

Chapter 1.　いじめ被害者への対応で困った場面　57

いじめ被害者への対応

CASE-09

どうしても親に知られたくないと訴える場合

Aさんへのいじめが発覚し加害者側を指導しました。Aさんの家庭にも連絡することを伝えると，「このくらいは，いじめじゃないから知らせないでほしい。勝手に知らせたらもう先生を信用しない」と訴えます。「知らせないわけにはいかない」と説得しようとしますがうまくいきません。

WHY 解決へのファーストステップ

ステップ1

いじめの事実がわかると親を悲しませてしまうという思いを，優しい子ほどもっています。大切に思う相手だからこそ伝えられないこともあります。理屈ではなく，感情として親を悲しませたくないのです。また，悲しみを怒りという形で爆発させる親の場合にも伝えにくいものです。

ステップ2

いじめられると人を信頼できなくなります。家族は自分にとって最後の砦です。家族に知らせた結果「あんたが悪いんじゃないの」「どうして早く言ってくれなかったの」「やられたらやり返せ」などといった言葉を受ける可能性もあります。反対に叱られる可能性もあります。本人にとって事態が悪くなれば，そのダメージは計り知れません。

家族を信頼したいという思いは，知らず知らずのうちに親に知らせることを回避させることもあります。

HOW 対応のポイント

親にとっての悲しみは何かを教える

　知らせることによって親を悲しませたくない。楽しい家庭の雰囲気を壊したくない。周囲の気持ちを大切にする子ほどそう思うはずです。

　子どもは親の悲しむ顔は見たくないものです。特に自分のせいで悲しませてしまうということを耐えがたく感じる子もいます。

　でも，それは親の立場で考えているわけではありません。親はいじめの事実を知るのが遅ければ遅いほど，どうして気づいてやれなかったのかと自分を責めるものです。

　親にとって最も悲しいことは，子どもがピンチのときに信頼して相談してもらえないことです。言ったら悲しむという考えに，言わないことが最も悲しむことであるという視点を与えることが大切です。

親にサポートチームのメンバーになってもらうことを承諾させる

　いじめは，行為そのものが解消しても，それが原因で人と接するのが怖くなったり，自分に自信がもてなくなったりします。行為が解消したから大丈夫なのではなく，その後もサポートし続けるメンバーが必要です。

　親に言うことの不安を受け止めた後に，最も本人を大切に思ってくれている存在のサポートが必要であることを訴えましょう。

　とは言うものの，親との関係の悪化への不安はなくならないでしょう。そのことに対しては，親にきちんと理解してもらえるまで教師が説明することを約束します。

　また，親に説明して終わりではなく，さらに親子関係がよくなることを目指します。

ここが分かれ道！BAD／GOOD 対応

BAD

生　徒：先生，私もう大丈夫ですから，親には絶対に言わないでください。
教　師：そうは言っても，これは伝えないわけにはいかない問題なんだ。
生　徒：無理です。これは大したことではありません。もう大丈夫です。
教　師：伝えないわけにはいかないよ。
生　徒：言わないでください。勝手に言ったら先生のことはもう信用しません。
教　師：困ったなぁ。

GOOD

生　徒：先生，私もう大丈夫ですから，親には絶対に言わないでください。
教　師：親に言わないでほしいと思っているんだ。
生　徒：はい，もう大丈夫なので。
教　師：どの部分を言われたくないの？
生　徒：全部です。
教　師：今回のことを聞くとあなたの親はどんな反応をするのかなぁ？
生　徒：いじめって聞いたら，すごく心配するし，私に対してあれこれ言うし。
教　師：心配かけたくない気持ちと，いろいろ言われたくない気持ちがあるんだね。
生　徒：はい，そうです。
教　師：親が心配したり，いろいろ言ったりするのは，あなたに対してどんな気持ちをもっているのかな？
生　徒：うーん，やっぱり大切に思っているのかな。
教　師：どうでもよければ心配もしないし，いろいろ言わないもんね。
生　徒：そうです。
教　師：大切に思っている人を悲しませたくないんだね。

生　徒：そうです。
教　師：あなたの優しい気持ちはわかるよ。じゃあ，親が一番悲しい思いをするのって，どういうときだと思う？
生　徒：え，わかりません。
教　師：それは，子どもがピンチのときに知らなかったり，力になれなかったりするときなんだよ。
生　徒：そうですか。
教　師：今回のことで嫌なこともあると思うけど，親に絶対にあなたの味方だよって伝えてもらえたら，どんな気持ち？
生　徒：それは，嬉しいかも。
教　師：今回のことで，またいじめられたらどうしようとか，自分が悪いんじゃないかとか，いろいろと考えてしまうことはないかい？
生　徒：あります。
教　師：いじめはストップしたけど，まだ心にいじめのダメージが残っているのかもしれない。もう大丈夫って思うかもしれないけれど，たくさんの人が協力して，あなたを支える必要があるんだよ。
生　徒：はい。
教　師：そのサポートチームにはあなたの最大の味方である家の人の力が必要なんだよ。
生　徒：はい。
教　師：今回のことで絆や信頼関係が強くなることだってある。絶対にこれからのあなたを支えてくれる。きちんとわかってくれるまで，先生が説明するよ。みんなであなたを守るって約束するよ。
生　徒：はい。お願いします。

CASE-09　まとめ

①親に対する不安を受け止める。
②みんなで支えることを約束する。

いじめ被害者への対応

CASE-10

加害者から離れようとしない場合

BさんのAさんへのいじめが発覚し指導しました。少し冷却期間をとるために、二人には近づいてほしくないと思っています。しかし気が付けばAさんはBさんにニコニコと寄っていきます。またいじめが起きるのではと不安になります。少し距離をとってほしいのですが、離れようとしません。

WHY 解決へのファーストステップ

ステップ1

いじめの指導をした際に、加害者が被害者に対して罪悪感をもつのが本来の姿です。ところが被害者側が加害者側に対して「おおごとにしてしまって申し訳ない」という気持ちをもつことがあります。それが側にいて愛想をふりまく行為につながることもあり得ます。

ステップ2

いじめをされるような人間関係であれば、無理に持続させる必要はないと大人は考えます。しかし人には集団でいたいという欲求もあります。教室という閉じた空間で、その相手としか人間関係が築けていなければ、結局そこにしか居場所を求められないということになります。

HOW 対応のポイント

話しかける相手を増やす

　被害者の生徒は休み時間などの自由な時間に，何となく寄っていってしまうのかもしれません。

　意識することなく習慣のように近寄っている場合，どういうときに近寄っているのかを意識させることも必要です。

　そうすると，たとえば「話し相手がいなくて暇なときに話しかけている」ということを自覚することができます。

　話し相手がいないときに，いつも一人に話しかけなければいけないわけではありません。他に話しかけやすい相手がいれば，3回に1回は話しかけてみる方法もあるわけです。

　近すぎる人間関係，閉ざされて風通しの悪い人間関係はいじめを生みやすいことを伝え，話しかける相手を増やすことを提案します。

人間関係を広げる支援をする

　固定化した小集団がいくつもある。そんな学級集団では，たといじめてくる相手であっても，他に居場所がなければ，そちらに行ってしまいます。

　小集団同士をつなげるかかわりや人間関係づくりのエクササイズにクラスで取り組むことによって，人間関係を流動化することができるかもしれません。構成的グループエンカウンターなどを意識的に取り入れ，居心地のよい集団づくりに取り組んでみてはどうでしょうか。

　教師の専門性は，集団づくりにあります。ファシリテーターとしての役割を担いながら，居場所づくりをサポートします。

ここが分かれ道！BAD／GOOD 対応

BAD

教　師：Bさんとの間で嫌なことがあったから，気にして見ているけれど，休み時間は君のほうから寄っていっているように見えるけど，大丈夫かい？
生　徒：はい，大丈夫です。やっぱり友達なんで。
教　師：そうなのかもしれないけれど，あんなことがあったばかりだから，少し距離を置いたらどうだい。
生　徒：でも，友達だし，もう大丈夫です。
教　師：でもね，また同じことになりそうで不安なんだよね。
生　徒：大丈夫です。

GOOD

教　師：Bさんとの間で嫌なことがあったから，気にして見ているけれど，休み時間は君のほうから寄っていっているように見えるけど，大丈夫かい？
生　徒：はい，大丈夫です。やっぱり友達なんで。
教　師：やっぱり友達だから，側にいたいということかな？
生　徒：はい。
教　師：どういうときに寄っていくのかな？
生　徒：え，何となくなんで，別に理由はないです。友達だから。
教　師：見ていると，することがないときとか，話し相手が欲しいときに近づいているように思うんだけど，どうだい？
生　徒：そうかもしれません。
教　師：もしもBさんが欠席していたとしたら，誰に話しかけているかな？
生　徒：うーん，Cとかかなぁ。
教　師：他には？

生　徒：Dと話すこともあります。
教　師：Bさんは君のことをどう思っているのかな？
生　徒：うーん，どうなんだろう。
教　師：二人の関係が元に戻るのはよいことなんだけど，またいじめが起きるのは避けたいと思っているんだ。
生　徒：大丈夫ですよ。
教　師：君はBさんのことを信頼しているようだね。またいじめが起きるのを避けるために何かやれることはあるかい？
生　徒：うーん，やめてってすぐに言うとか。
教　師：それでやめてくれそうかな？
生　徒：うーん，やめないかも。
教　師：見ていて思うのは二人の距離が近すぎることなんだ。べったりとした関係は，どうしても甘えが出る。そうすると遠慮しないで嫌なことを言ったりしていじめにもつながりやすくなる。
生　徒：え，どうすればいいんですか。
教　師：君から話しかけるときに，Bさんの次にCさん，その次はDさんというように，意識していろいろな人に話しかけてみてはどうかな？
生　徒：はあ。
教　師：そうするとBさん以外にも人間関係が広がっていくかもしれない。
生　徒：なるほど。
教　師：いつもべったりしていると相手が不機嫌なときに嫌なことをされるときだってある。そんなときに別の人間関係があると，そっちに避難できるよね。

CASE-10　まとめ

①話しかける相手をローテーション化させる。
②人間関係を広げる支援をする。

いじめ被害者への対応

CASE-11
被害者の言動が周りの反感や怒りを買いやすい場合

Aさんが集団で無視されることがありました。もちろん指導はしたのですが、Aさん自身にも変わってほしい部分もあります。周囲がカチンとくる言動に本人が気づいていないのです。

WHY 解決へのファーストステップ

ステップ1

行動を起こす前に，「ちょっと待てよ」と自分自身にブレーキをかける衝動調整力は，個人差が非常に大きいものです。周囲がカチンとくる言動であっても，全く思ったままを口にしているだけで悪気がないことも多いようです。

ステップ2

反感や怒りを買いやすい生徒は，周囲の気持ちに鈍感なことが多いようです。自分の姿が周りから見て，どう映っているかを理解することが難しい特性をもつ場合もあります。その結果過度に良い子を演じてしまったり，過度に人をぞんざいに扱ったりしてしまいます。そこから生まれる二面性は，周囲の反感を買います。

HOW 対応のポイント

長所で短所をカバーする

　本人がもっている弱点は短期的にすぐに改善されるわけではありません。弱みを何とかしようとしても，すぐには改善されず本人が自信を失くしたりストレスを抱えたりすることになっては，逆効果です。

　長所がうまく発揮されると，短所をカバーすることができます。そのためには，まず生徒自身が，自分の長所，短所を把握することが必要です。本人のプライドを傷つけないよう配慮しながら，本人の特性に気づかせましょう。

　すぐに思ったことを口にする生徒はネガティブな発言を止めることは難しくても，ポジティブな発言を増やすことは可能です。その結果，周囲から悪気がないんだと認知されることもあります。

違う集団でもやっていけることを目指す

　いじめに結びつきやすい対人トラブルをよく起こす生徒がいるとします。トラブルに丁寧に介入し，解決することも大切ですが，それと同時にトラブルを回避する力も身につけさせたいものです。

　教師は自分のクラスでだけ，いじめをなくすことを目指すわけではありません。教師の目指すべきことは，自分がいなくてもその子がうまくやっていけることです。つまり進級や進学して違う集団に入ってもうまくやっていける力をつけることを目指さなくてはなりません。

　「うまくやっていける」という漠然としたスキルを具体的な行動に置き換え，実際にそれができるように訓練することです。

　わかることとできることは違います。「こうしたらいい」という行動を実際に少しずつやらせていくことが求められます。

ここが分かれ道！BAD／GOOD 対応

BAD

教 師：前にいじめがあったけど今は大丈夫かい？
生 徒：はい，もう大丈夫です。
教 師：今はいじめがないからいいけど，これから先同じようなこともあるかもしれないね。
生 徒：そうなんですか。もう大丈夫だと思っているんですけど。
教 師：いやいや，先生の目から見ると，Aさんにも直したらいいなと思う部分があるよ。
生 徒：どういうことですか？
教 師：ほら，Aさんはときどき周りがカチンときているのに気が付かないときがあるんだよね。
生 徒：先生，今私カチンときています。

GOOD

教 師：前にいじめがあったけど今は大丈夫かい？
生 徒：はい，もう大丈夫です。
教 師：そうなんだね。それはよかった。安心だね。
生 徒：そうですね。
教 師：今回のことで人間関係の難しさを学べたかな？
生 徒：そうですね。
教 師：このクラスではどんなことを学べたかな？
生 徒：ええと，グループの難しさとかですね。
教 師：グループの中での人間関係っていうことかな？
生 徒：ううんと，どのグループに入るかとか。
教 師：もう少し詳しく教えて。
生 徒：一度なんか低いグループに入っちゃうと，ずっとそういう目で見られちゃうとか。

教　師：そうなんだ。そういうことを今のクラスで学んだんだね。
生　徒：はい。
教　師：次のクラスでもいろいろなことを学ぶと思うけど，少し予習しておこうか。
生　徒：どういうことですか。
教　師：どうせなら，嫌な思いをなるべくしないでいろいろなことが学べたほうがいいよね。
生　徒：はい。
教　師：あらかじめ，こういうふうにしておけば，嫌な思いをする量がきっと減るということを伝えたいんだけど，どう？
生　徒：お願いします。
教　師：あなたは思ったことをストレートに口に出せるというよさがあるよ。その素直さがあなたの長所だね。
生　徒：ありがとうございます。
教　師：長所も裏返せば短所になるから，ストレートに言ったことで人をカチンとさせることもあるかもしれない。でもそういうのは言った本人にはなかなか気づけないものなんだよね。
生　徒：どうしたらいいんですか？
教　師：だから，なるべく人のいいなって思う部分を見つけたら口に出すようにするんだよ。人の長所を口にする。そうすると多少周りにとって嫌なことを言っても，ああ，悪気はないんだな，そういう人なんだなって思ってもらえる。今のクラスで少し練習していこうか。これが予習するっていうこと。
生　徒：はい。

CASE-11　まとめ

①長所を伸ばして短所をカバーする。
②次のクラスでもうまく過ごせるようにという意識をもたせる。

いじめ被害者への対応

CASE-12
いじめが解消しても体調不良や不登校が続く場合

> Aさんに対してのいじめがありました。事実関係をはっきりさせ，加害者にも謝罪させました。ところがAさんは体調不良を訴え，登校しません。どうやらクラスの人みんなが怖いと言っているようです。担任としてやるべきことは全部やったと思うのですが，今後の対応に苦慮しています。

WHY 解決へのファーストステップ

ステップ1

いじめは目の前のいじめが解消したとしても，被害者の心の中ではやられているときの気持ちが続くものです。いじめが解消したからといって教師は安心せずに，被害者が安心して過ごせる空間づくりや傷ついた自尊心を回復させることが解決のゴールになります。

ステップ2

嫌な気持ちというのは燃え広がるものです。加害者であるBさんに対して怖いと思ったのが，いつの間にかBさんの友達も怖くなり，クラスの人みんなが怖くなり，同じ学校の人が嫌になるというふうに広がっていくものです。

嫌な経験をした場所を回避しようとするのは自然なことです。でも学校に行けないという状態は新しい不安を生み，悪循環に陥ることになってしまいます。

HOW 対応のポイント

本人の気持ちを支持する

　いじめが解消しても，心の中でされていたときの不安や恐れは続くものです。いじめの解決とは，被害者の自尊感情が回復し，集団に安心していられることです。いじめの解消で満足せずに，被害者にとっての解決を目指すべきです。

　気持ちは受け止めつつ，不安を増大させるような思い込みには修正をかけていきます。たとえば，「クラスのみんなが嫌な目で見る」という訴えは，実際には特定の人がちらっと見て嫌な気持ちになっただけのこともあります。そういった不安を「クラスの中の数人がちらっと見て，それで何だか不安になってしまったんだね。それは無理もないよね」と丁寧に受け止めていくことが求められます。

スモールステップで安心できる人間関係を増やしていく

　いじめの被害者は，安心して主体的な行動をとることができない状態が続きます。その結果，他の人に何かをされるということに対して敏感になります。自分自身で自分の行動を選び，実行する経験が必要です。

　教室に怖くて入れないというときも，無理に教室に入れさせるのではなく，安心できるスペースを用意し，そこで仲の良い級友と昼食をとるなど，少しずつ人間関係に慣らしていきます。

　そのペースや計画は，本人と相談し，自己決定させます。○日までは別室で一日過ごす。○日からは帰りの会に参加する。○日からは得意な授業に出る。自分で決定し実行するという積み重ねが，自尊感情を回復させるのには重要なことです。

ここが分かれ道！BAD／GOOD 対応

BAD

教 師：もういじめはなくなったと思うけど学校には来られそうかい？
生 徒：行けると思うんですけど。
教 師：今が頑張りどころだね。じゃないと学校に来られなくなるよ。
生 徒：はい。でも朝になるとダメなんです。
教 師：どうして朝になるとダメなのかな？
生 徒：わかりません。
教 師：それは，いつまでも今回のことを引きずって，気持ちを切り替えないからじゃないのかな。
生 徒：……。

GOOD

教 師：もういじめはなくなったと思うけど学校には来られそうかい？
生 徒：行けると思うんですけど。
教 師：今は行けそうかなと思うんだね。
生 徒：はい。でも朝になるとダメなんです。
教 師：朝になると行けなくなっちゃうんだ。
生 徒：はい。そうなんです。
教 師：それは困ったねぇ。
生 徒：はい。困ってます。
教 師：それはなぜかわかるかい？
生 徒：わかりません。
教 師：きっと，今まで嫌なことを我慢してきたから，その嫌なことを体が覚えていて，体がすくんでしまうんだよ。
生 徒：そうなんですか。
教 師：犬にかまれた人が，犬が怖くなるのと同じだよ。
生 徒：なんか，自分がおかしくなっちゃったのかと思っていました。

教 師：そうじゃないから，安心して。
生 徒：そうなんですね。
教 師：嫌な気持ちってすぐには消しにくいから，だから今は安心を増やすことが大切だよ。
生 徒：はい。
教 師：家にいるときは安心かな？
生 徒：はい，でも勉強が遅れるし心配です。
教 師：そうなんだね。じゃあ，安心を大切にしながら，今できることに少しずつ取り組んでみようか。
生 徒：はい。
教 師：クラスの中で一番一緒にいて安心できる人って誰？
生 徒：Dさんです。
教 師：たとえば朝Dさんに迎えに来てもらうとかはどうかな？
生 徒：嬉しい気持ちと悪いなと思う気持ちがあるかな。
教 師：Dさんは喜んで行ってくれると思うけどね。
生 徒：そうですか。
教 師：教室が不安なら，まずは別室登校で慣らしていくのもありだよ。
生 徒：それならできるかもしれません。
教 師：いきなり教室じゃなくて，そこで安心とか自信を少しずつ増やせればいいんだよ。
生 徒：はい。

CASE-12　まとめ

①心の中で続く不安を受け止める。
②スモールステップで居場所を増やす。

いじめ被害者への対応

CASE-13

いじめ被害の内容を口に出せない場合

Aさんがいじめを受けているらしいという情報が入りました。本人に確認しようとしたところ，いじめられているという事実は認めるものの，いじめの内容を口にしようとしません。今後の指導のためにも，本人に事実を確認することが大切だと思うのですが，困っています。

WHY 解決へのファーストステップ

ステップ1

　いじめは相手に屈辱感を与える行為です。その屈辱感を怒りに変えて，教師に言いつけてやることができる人とできない人とがいます。なぜなら被害者が受けたいじめを誰かに話すこと自体にも屈辱感が伴うからです。とはいえ，いじめの内容がわからないと指導ができずに困ります。しかし教師の困り感を解消することではなく，まずは被害者の気持ちを最優先にするべきです。

ステップ2

　いじめの内容に性的なものがあれば，異性の教師に聞かれても言いにくいものです。それを言うことでダメージを再現することにもなってしまいます。安心して言える相手ではないと，苦痛を味わってしまう，その不安があるのかもしれません。

HOW 対応のポイント

口に出せないこと自体を受け入れる

　いじめでは，教師に話すと，加害者から報復される恐れがあります。そのことは被害者の口を重くします。しかし事実を認めているのに，内容を話さない場合は，それ以外の事情があることを考えるべきです。

　言えないのには言えないだけの理由があります。そのこと自体本人が理解できていないこともあります。

　言えないという気持ちを尊重する姿勢を示すこと，それによって安心感が得られれば口に出すこともあります。

　また担任の他に言いやすい人がいれば，代わって聞いてもらうことを提案してみるのも大事です。

大枠を確認して，周囲からの情報を集める

　本人が口に出したくないことは，最も屈辱的だと感じることでしょう。

　屈辱的なことの内容は，「嫌なことを言われた」「嫌なことをされた」「嫌なことをさせられた」の3つに集約できるかもしれません。そのどれかを確認します。

　そのうえで，以下のことで聞き出せるものを確認します。

- いつ
- どこで
- 誰が
- 周りにいた人は誰か

　こういったことを確認できれば，あとは周辺の人間に聞けば本人が口にできなかったものも判明します。

ここが分かれ道！BAD／GOOD 対応

BAD

教　師：B君にいじめを受けたことは間違いないんだね。
生　徒：はい。
教　師：どんなことをされたの？
生　徒：……。
教　師：言わないとわからないよ。
生　徒：言いたくありません。
教　師：それじゃあ，B君を指導できないよ。言ってもらわないと困るよ。
生　徒：……。

GOOD

教　師：B君にいじめを受けたことは間違いないんだね。
生　徒：はい。
教　師：どんなことをされたの？
生　徒：……。
教　師：どうしても言えない事情があるの？　それとも言いたくない気持ちなの？
生　徒：言いたくありません。
教　師：そうなんだ。今は言いたくない気持ちなんだ。
生　徒：はい。
教　師：その内容を口に出すだけでもつらいってことかな？
生　徒：はい。
教　師：他の先生なら少しは言いやすいかもというのはあるかい？
生　徒：いえ別に。
教　師：わかったよ。口に出すのも嫌なんだよね。それを無理に聞き出そうとはしないから安心して。
生　徒：はい。

教　師：じゃあ，言いたくない部分は言わなくてもいいから，言える部分だけ教えてもらえるかな？
生　徒：はい。
教　師：いつからB君は嫌なことをするようになったの？
生　徒：1か月くらい前からです。
教　師：そんなに前なんだ。気が付かなくて悪かったね。
生　徒：いえ。
教　師：嫌なことをされたの？　嫌なことを言われたの？　それとも嫌なことをさせられたの？
生　徒：嫌なことを言われました。嫌なこともさせられました。
教　師：そうか，1か月くらい前から嫌なことを言われたり，させられたりしたんだね。
生　徒：はい。
教　師：それはつらかったね。
生　徒：はい。
教　師：嫌なことは何回くらいさせられたの？
生　徒：3回くらいです。
教　師：それは許せないね。

CASE-13　まとめ

①無理に屈辱感を再現させない。
②大枠がわかれば，周囲からの情報を集める。

いじめ被害者への対応

CASE-14

死にたいと口にする場合

Aさんがいじめられ，孤立しています。加害者にいじめの指導をしましたが，Aさん自身はまだ孤立した状態です。人づきあいを避けていて，話を聞いたところ「死にたい」と口にします。どう接したらよいか，困っています。

WHY 解決へのファーストステップ

ステップ1

「死にたい」という激しい言葉は，それだけ強い感情の吐露になります。「死ね」も同様です。そうやって思いを吐き出し，聞いてもらうことでスッキリするという面もあります。

ステップ2

「死にたい」という言葉は，今の耐えられない状態から逃れたいという思いから出ています。「死にたい」と口にするときは，心理的な視野が狭まり，それ以外の方法が考えられない状態です。死ぬこと以外に苦しい状況から脱出する方法がわからないのです。

「死にたい」という言葉は，言い換えると「つらくて耐えられない。逃れる方法が他にわからない」ということになります。

HOW 対応のポイント

とにかく思いを吐き出させる

　生徒から「死にたい」と言われて,「ああそうですか」と言う教師はいないでしょう。「そんなことを言うものではない」「生きたくても生きられない人もいる」といった言葉を口にしたくなります。

　でも,それらは生徒の口をふさぐ行為です。言葉にしないから思いがなくなるわけではありません。周囲は,それで安心できるのかもしれませんが,出口のない思いは,より行動に結びつきやすくなるものです。

　とにかく否定せずに,時間をかけておだやかに話を聞くことが必要です。特に自殺方法など具体的なことを口にする場合は,緊急度が高いので,サポート方法について学校内での会議が必要です。

本人を支えるプラスの環境に気づかせる

　「死にたい」と口にするときは,「つらさがいつまでも続く」「何もかもダメ」「自分が悪い」といった思いにさいなまれています。

　「それはつらかったね」と否定せずに聞いた後で,「ところで,そんな大変な状況の中で,頑張れているのはどうしてなの？」と聞きます。すると本人を支えてくれているものの存在を口にするでしょう。

　「死ぬ勇気がないだけ」と口にする場合もあるでしょうが,「それは生きる勇気があるってことだよね。自分自身の勇気があるところって,どんなところ？」と本人のプラス面に気づかせます。あくまでも本人の考えを否定するというより,盲点に気づかせるという姿勢が大切です。

　まずは,「この人は自分のことを100％受け入れてくれる」と思われる存在になることが必要です。また教師一人で抱え込まずに,学校体制でサポートを考えていく必要があります。

ここが分かれ道！BAD／GOOD 対応

BAD

生　徒：もう死にたいです。
教　師：そんなこと言わないで。生きていれば楽しいことだってたくさんあるんだよ。
生　徒：でも，今はそんなことは思えません。
教　師：生きたくても生きられない人もいるんだから，そんなこと口にしないでほしいな。
生　徒：……。

GOOD

生　徒：もう死にたいです。
教　師：死にたいって思うくらいつらいんだね。
生　徒：そうなんです。
教　師：どんなことが一番つらいの？
生　徒：誰も相手にしてくれないし，どこにも味方もいないし……。
教　師：そうなんだ。相手にしてくれないし，味方もいないって感じているんだね。
生　徒：そう。だって私と一緒にいたら，その人まで仲間外れになるし。
教　師：一緒にいたら，その人まで仲間外れになるって思うんだね。
生　徒：そう。
教　師：それは，つらいね。
生　徒：うん。
教　師：話したいときに，安心して話せる人が，今はいない時期なのかな？
生　徒：うん。これからもきっといないと思う。
教　師：今は，そう思うんだね。自分も経験があるけど，本当につらいよね。

生　徒：先生も，そういう時期があったんですか？
教　師：そうだよ。でも気づいたら友達ができていたなぁ。
生　徒：ふうん。
教　師：どんな人と友達になりたいと思うの？
生　徒：優しくて，何でも話せる人。
教　師：優しくて，何でも話せる人っていいよね。友情は少しずつ進むから，最初はあいさつができる関係，雑談ができる関係，本音が言える関係って進んでいくよ。その途中ではケンカもあるしね。
生　徒：ふうん。
教　師：ところで，つらい中を頑張って毎日生きているわけだけど，そうやってつらい中頑張れるのは，どうしてなの？
生　徒：ええ，やっぱり家族がわかってくれるからかなぁ。
教　師：自分にとってかけがえのない存在だね。いてくれてよかったね。
生　徒：はい。
教　師：あなたも家族にとってかけがえのない存在なんだよ。
生　徒：そうですよね。
教　師：何でも話せる友達ができるまでの間，先生のことを何でも話せる人（代理）にしようか。
生　徒：えーっ。（笑）
教　師：いろいろと話してくれてありがとう。また明日も先生のおしゃべりにつきあってね。お願い。
生　徒：はい。

CASE-14　まとめ

①気持ちを否定せずに思いを吐き出させる。
②自分を支える存在に気づかせる。

CHAPTER

2 いじめ加害者への対応で

困った場面

いじめ解決を目指すうえで，加害者の指導は最大の難関です。加害者側には，いじめに向かわざるを得ないような背景をもっていることもあります。共感性が薄かったり，衝動性が強かったりという特性があることもあります。本章では加害者対応での困った場面について考えていきます。

いじめ加害者への対応

CASE-01
いじめが悪いことだと思っていない場合

B君の同級生に対するいじめが発覚しました。事実を確認したところ、「たしかにやったけど、あいつが自己中心的でみんなも困っているから悪いとは思わない」と言い張ります。「された側がいじめだと思えば、いじめだし相手が嫌な思いをしているよ」と言うと、「僕たちも嫌な思いをしているんです」とその考えを曲げることはなく指導が通りません。

WHY 解決へのファーストステップ

ステップ1

そもそも何があってもいじめは許されないという考えではなく、理由があればいじめは許されるという考えをもっているのかもしれません。腹が立って誰かを攻撃したいという気持ちになることは誰にでもあることです。その気持ちと行動とを分けて考えていないところに問題があります。

ステップ2

「みんなも困っている」という言葉から、周囲の憂さ晴らしを代行している面もうかがえます。その行為を「もっとやれ」という気持ちを周囲がもっていれば、正義の味方として承認される立場にいられます。また観衆がいることで、いじめはエスカレートしやすくなります。多数派が正しいという感覚は、知らず知らずのうちに人を排除することにつながります。

HOW 対応のポイント

どんな理由があってもいじめは許さないことを伝える

　いじめは被害者に原因があるという考えは根強くあります。しかし原因があれば，いじめが許されるという考えは，いじめの連鎖や広がりを生み，結果的にはみんなを不幸にしていきます。

　ある生徒に対し，不快感をもち攻撃する生徒がいるとしても，最初からすべての生徒が攻撃しているわけではありません。必要なのは，被害者を変えることではなく，攻撃してしまう生徒が，攻撃しないという行動を学ぶことです。その違いを考えさせることや，攻撃することがすべてではないことを考えさせることが重要です。

　いずれにせよ，どんな理由があっても，いじめを許すことはできないことにブレがあってはいけません。なぜ許せないかというと，結局いじめた側も含めみんなが不幸になってしまうからです。

行動の選択肢を増やす

　このケースでは，被害者は攻撃を誘発する性質をもっていると言えます。そういう意味では加害者の言い分にも，一理あります。ただし，うるさくて腹が立つから悪口を言うといったことからスタートしても，いつの間にか，加害者がストレスを感じたら，とにかく悪口を言って発散するということになっていきがちです。

　教師の行動としては，うるさいという行為をすぐに解消できなくても，うるさくて困っている周囲の気持ちを受け止める必要があります。騒がしいときには，被害者本人に「騒がしくて嫌だなと思っている人もいるよ。少しずつ，そういう部分が直せるといいね」と声をかけ，周囲の思いも「少しずつ直せるといいね」というふうにシフトさせます。

ここが分かれ道！BAD／GOOD 対応

BAD

教 師：君がＡ君の悪口を言っているって聞いたんだ。実際はどうなの？
生 徒：それは誰が言ったんですか？
教 師：それは言えないけど，複数の人が言っているよ。
生 徒：あいつが自己中心的でみんなも困っているから，わからせているだけです。
教 師：それはいじめだよ。
生 徒：それは先生がそう思うだけじゃないですか。
教 師：誰が見てもいじめだよ。
生 徒：みんなはそう思っていません。

GOOD

教 師：君がＡ君の悪口を言っているって聞いたんだ。実際はどうなの？
生 徒：それは誰が言ったんですか？
教 師：それは言えないけど，複数の人が言っているよ。
生 徒：あいつが自己中心的でみんなも困っているから，わからせているだけです。
教 師：君もＡ君のことで困っていることはあるのかい？
生 徒：あります。うるさいし，人の話を聞かないし。
教 師：具体的には？
生 徒：すぐに，自分が思いついたことを大きな声で言って，うるさいんです。
教 師：大きな声が嫌なんだ。
生 徒：それでみんなイライラしているんです。
教 師：イライラしても，仕方がないなって受け入れている人もいるんだよね。
生 徒：そうです。

教　師：君にはそれはできないの？
生　徒：無理です。うるさくて我慢できません。
教　師：それで腹が立つ気持ちになるのは仕方がないね。こういう行動が原因で，みんなはこんなふうに困っているよって親切で伝えてあげているのかい？
生　徒：いや，そういうわけではない。
教　師：君の行為が親切でやっていることなら応援するけれど，そうでないならＡ君への思いやりが足りないかもしれないね。
生　徒：はい。
教　師：でも，自分自身もイライラするし，みんなも困っているから，それを解消してあげようと考えるのは間違ったことではないよね。
生　徒：はい。
教　師：みんなにどんなふうになってほしかったの？
生　徒：嫌な思いをしないで楽しく生活してほしい。
教　師：みんなに嫌な思いをしてほしくなかったんだね。それは立派な思いだね。その気持ちは応援したいよ。みんなの中にＡ君は入っているのかな？
生　徒：それは……。
教　師：もしもみんなの中にＡ君が入っていないのなら，正しいことをしているつもりでも，いつの間にか仲間外れにしていることになるよ。
生　徒：うーん。
教　師：Ａ君の今の状態が変わるのは時間がかかるよ。その間ずっと悪口を言い続けるのは，君自身にとってもマイナスだね。
生　徒：はい。

CASE-01　まとめ

①クラスの困り感を受け止める。
②解決方法の間違いに気づかせる。

いじめ加害者への対応

CASE-02

いじめの事実を加害者が認めない場合

B君の同級生に対するいじめが発覚しました。事実を確認したところ，「遊びで何かを言ったりしたことはあるけど，別にいじめとかはしていない」と言い張ります。その考えを曲げることはなく指導が通りません。

WHY 解決へのファーストステップ

ステップ1

悪いことをしたと思っていても，自分を守るために都合の悪いことは言わないのはよくあることです。加害者側も，まず証拠がなければしらを切って逃げようとするものです。それが無理であれば，理由をつけて自分の行為を正当化したり，そんなつもりはないと自分の非を軽くしようとします。

ステップ2

悪いことをしたと思っていない場合もあります。それは他者の感情に鈍感な場合です。ふざけてやったのなら，それは本人にとって遊びになります。また特定の人物であれば，それをしても許されると考えている場合もあります。いずれにせよ自己中心的な，他者への配慮の少なさがいじめにつながっていきます。

HOW 対応のポイント

事実を徹底的に確認する

　いじめの指導に関しては，「やった」「やってない」「言った」「言ってない」といった水掛け論になると加害者を逃がしてしまうことになります。まずは事実を解明する必要があります。

　その際に当事者だけでなく，周囲に人がいた場合は，いつ，どこで，誰が，何をしたという事実を客観的に聞き出します。そのうえで加害者からも事実を確認しますが，口が重い場合は，こういうつもりで言ったという感情にフォーカスしながら事実を話させます。包み隠さず隠せるようなら，気持ちは除外して事実のみをまず確認します。

　全部で何回くらいしているのか？→最初はいつか？→最後はいつか？→その間に何回したのかの順序で聞くと，最初は少なめに申告したものを本人が修正していくことが多いようです。

自分を守りたい気持ちに寄り添う

　自分を守りたい気持ちは誰もがもっています。ではこの場合加害者は何から自分を守ろうとしているのでしょう。自分がいじめを認めることで教師からの叱責を受けることでしょうか。それとも同じ加害者仲間から責められることでしょうか。前者であれば，どのような反省が必要かを教えたり，後者であれば，早く解決することが友達を守ることであることを伝えたりすることも必要です。そのことによって，本人の視点を現在から，未来へと移します。自分を守りたい気持ちを引きはがすのが難しければ，守りたい気持ちに寄り添いながら進めます。

ここが分かれ道！BAD／GOOD対応

BAD

教　師：君がA君に対していじめみたいなことをしたって聞いたんだ。実際はどうなの？
生　徒：別にふざけて遊んでいるだけで，いじめなんかしていません。
教　師：された側がいじめだと感じたらいじめだよ。
生　徒：じゃあ，Aはいじめられたって言っているんですか？
教　師：そういうわけではないけど。
生　徒：遊んでいただけなのに，知らない人がそう言っただけなんじゃないですか？

GOOD

教　師：君がA君に対していじめみたいなことをしたって聞いたんだ。実際はどうなの？
生　徒：別にふざけて遊んでいるだけで，いじめなんかしていません。
教　師：君はふざけて遊んでいたようだけど，周りで見ていた人が心配しているんだよね。
生　徒：遊んでいるだけですから。
教　師：君のやっていることを，口には出さないけどやりすぎだよって思っている人たちがいる。このことが続くと君もだんだん周りから避けられるようになる。そのことを心配してくれている。心配っていうのはA君に対するものもあるけど，君のことも考えてくれているみたいだよ。その気持ちを関係ないってはねつけるのか。それとも素直に周りの感じ方に耳を傾けるのか。どっちにする？
生　徒：それは聞くけど，ふざけていただけです。
教　師：君がふざけていたのはわかったよ。嫌な思いをさせようとそのときには考えていなかったんだね。どんなことをしたの？
生　徒：ふざけて軽く叩いたり，物を隠したりしただけです。

教　師：いつ，どこで，どんなことを何回したかを確認するよ。
　　　　（事実の確認）
教　師：これやっていて楽しかった？
生　徒：いや，それほどでも。
教　師：今振り返ると，あまり楽しくないかもしれないね。でもそのときは楽しかったんだと思うよ。ふざけているんだし。
生　徒：はい，そうかもしれません。
教　師：ふざけるのは悪いことではないけど，周りが不快になれば悪ふざけだね。相手が不快なら嫌がらせだね。今回のはただのふざけで，みんなが笑って楽しくなれることなの？
生　徒：違います。
教　師：遊びなら，自分だけでなくみんなが楽しくなれるかも考えないと，自己中心的な人だと思われてしまうね。
生　徒：はい。
教　師：今回は嫌な思いをさせるつもりはなかったけど，ちょっとだけ行き違いがあったね。これからどうするかを一緒に考えようか。
生　徒：はい。

CASE-02　まとめ

①**事実，行為と動機，感情は分けて考える。**
②**自分を守りたい気持ちに寄り添いながら振り返らせる。**

いじめ加害者への対応

CASE-03
いじめられないために いじめている場合

Bさんがいじめをしていることが発覚しました。事情を聞くとクラスの中では，面白半分でいじめが行われていて，いつ誰がターゲットになるかわからない状態だということです。「やらないとこっちがやられるから仕方がない」と言うBさんは，反省する様子がありません。

WHY 解決へのファーストステップ

ステップ1

 生徒にはいじめられた経験があるケースもわりと多く，二度とあんな思いはしたくないと思っています。その不安は，他の人をターゲットにすることで解消されます。他者を攻撃しないというルールが確立していないと，弱肉強食の世界観が教室を支配することになってしまいます。

ステップ2

 いじめの首謀者は共犯者をつくることで，相対的に自分の罪悪感を薄めようとします。それが弱い立場の者にいじめをそそのかしたり，いじめをすることを強制したりという行為につながります。それによって，実際にいじめに加担しなければ自分自身が被害者になるという状況に追い込まれることもあります。

HOW 対応のポイント

「自分もいじめられるのでは」という心配や不安を聞き出す

　いじめは精神的に大きなダメージを与えます。それは簡単に拭い去ることはできません。そしてまたやられるのではないかという不安は，自分を守る行為へと変わります。目の前にいじめがあれば，その不安は大きくなるばかりです。

　まず加害者側が被害にあった経験があるのなら，そのときの気持ちを受け止めます。そのときどんな気持ちでどれほどつらかったかを吐き出させます。これは，そのまま現在のいじめ被害者への共感につながっていきます。

　そして「やられないために他を攻撃する」という気持ちは受容します。わかってもらえたという信頼感は次の行動に結びつくからです。

いじめ予防に参加させる

　やられたくない気持ちは理解できても，他を攻撃する行為は許容するわけにはいきません。被害者側の気持ちを想像させ，別の行為ができるかどうかを検討します。悪口を言わなければならない場面で話題を変えたり，言ってしまった悪口が本意ではないことを相手に伝えたりと，できることを一緒に考えます。

　その際に，教師がクラスの状態を放置しながら，生徒にだけ変わることを要求することはできません。教師は最前線に立って生徒を守る存在です。自分の力を過信せずに，担任一人で抱え込まずに複数体制でいじめ解消に取り組まなければなりません。

　いじめられるのが嫌だからいじめるという生徒は，実はいじめ予防に関しても強いモチベーションで行動できる可能性があります。一人では行動できなくても仲間をつくっていくことや安心して行動できる環境を整えることも大切なことです。

ここが分かれ道！BAD／GOOD 対応

BAD

教　師：君が悪口を言っているって聞いたんだけど実際はどうなの？
生　徒：言わなくちゃならない空気があって，言わないと言われるんです。
教　師：でもだからといって悪口を言っていいわけじゃないだろう。
生　徒：そんなのわかってます。でも無理です。
教　師：無理って言ったって自分自身の行為なんだからやめられるでしょう。
生　徒：言わないと私が言われるんです。それは嫌です。
教　師：でも，それはいじめだよ。
生　徒：先生は何もわかっていないんです。

GOOD

教　師：君が悪口を言っているって聞いたんだけど実際はどうなの？
生　徒：言わなくちゃならない空気があって，言わないと言われるんです。
教　師：ああ，そういうことなんだね。言わなくちゃならない空気があるんだ。
生　徒：そうです。
教　師：それは具体的にはどういうことなの？
生　徒：会話が，そう言わなければならない流れになっているんです。みんな，そうだそうだって言っているし。
教　師：そのときに言わないとどうなるの？
生　徒：え，この人空気読めないってなって，次に自分がやられるかもしれない。
教　師：自分がやられたら嫌だしね。そういう経験はあるの？
生　徒：前にあります。あんな思いは二度としたくない。
教　師：そうか，よっぽどつらかったんだね。そのとき周りからどうしてほしかったの？

生 徒：陰ででもいいから味方だよって言ってくれる人がいてほしかった。
教 師：そうか。それはつらかったね。
生 徒：そうです。
教 師：今は，いじめられたくないから悪口を言わなければならないという状況だね。でも悪口を言っている人間は，必ずどこかでやられるよ。そういうリスクについてはどう思うの？
生 徒：それは，そうかもしれない。
教 師：今の自分の行為が，とりあえずの危険を避けるだけで，誰にとっても本当はよくない行為だということはわかっているよね。
生 徒：はい。自分もやられていたからわかります。
教 師：そうか，じゃあ急には変えられないかもしれないけれど，どうしても悪口を言わなければならないときは，言った後に「なんちゃって」ってつけるとか，こっそりごめんねって伝えるとか，そうすると相手の子は少しは楽になるかもね。
生 徒：そうですね。
教 師：今のクラスの状況のままで，君にだけ変われっていうのは無理だよね。先生も努力してクラスを変えたいと思っているよ。
生 徒：はい。
教 師：君と同じ思いの人はいるのかな？
生 徒：いると思います。
教 師：そういう人とも力を合わせながら，安心して生活できるクラスにしよう。そのためにいろいろとアドバイスをもらえるかな？
生 徒：はい。

CASE-03 まとめ

①事実にかかわらず，感情は受け止める。
②自分自身のできる行動について検討させる。

いじめ加害者への対応

CASE-04

過去にいじめをされたことがあり、反撃している場合

B君の同級生に対するいじめが発覚しました。事実を確認したところ、「たしかにやったけど、あいつは前に僕にやっていたんだ。そのときは注意しなくて、僕だけされるのはおかしい。同じことをしているだけだ」と言い張ります。その考えを曲げることはなく指導が通りません。

WHY 解決へのファーストステップ

ステップ1

いじめを相談された際に「やられたらやり返せ」という言葉を口にする大人は少なくありません。生徒がそういった考えを学習するのも無理はありません。そうなると過去に自分をいじめていた者への攻撃は、正当なものになってしまいます。生徒の不適切な行為の大部分は、未学習、誤学習の結果です。

ステップ2

今やり返そうとしているということは、やられたときにやり返せなかった悔しさや悲しみが根底にあるのではないでしょうか。また再びやられるのではないかという恐れもあるかもしれません。積もり積もったネガティブな感情は、ネガティブな行為や予想に結びつきやすいものです。

HOW 対応のポイント

過去の感情も現在の感情も受け止める

　いじめは，加害者側は忘れても，被害者側は「一生許さない」と思うものです。被害者の悔しさ，悲しみは簡単には消えません。その気持ちを簡単に忘れなさいと言うのではなく，そのときの気持ちを受け止めることやそのとき言えなかった思いを吐き出させることは，前に進むために必要なことです。

　まずは，生徒の言葉をジャッジすることなく，過去の思いを受け止めて，現在の思いを吐き出させる必要があります。

　特に「やらなければ気が済まない」といった強い怒りがある場合は，その気持ちにふたをさせずに吐き出させます。

　「具体的にどんなことをしたいのか」
　「そのときにどんな感情を味わうのか」
　「その先に起こることは何なのか」

　これらを口に出させることで，想像上で復讐を体験させます。

合理的な思考を促す

　十分に感情を表出することができれば，次に合理的な思考に移ることができます。

　「今の状況は客観的にどう見えるのか」
　「これが続くとどうなっていくのか」
　「どうするのが一番得する方法なのか」

　これらを冷静に振り返らせ，一緒に考えていきます。

　また生徒だけを悪者にするのではなく，教師自身も反省し謝罪の言葉を口にすることで，本人の思いを軽くすることができます。

ここが分かれ道！BAD／GOOD 対応

BAD

教　師：君がA君にひどいことをしたって聞いたんだ。実際はどうなの？
生　徒：あいつは前に同じことを僕にしていました。
教　師：だからといって，していいことにはならないだろう。
生　徒：でも僕がされたときは注意されなくて，今回だけされるのはおかしいです。
教　師：それはそうかもしれないけど，これはいじめだよ。
生　徒：そうかもしれないなら放っておいてください。これは僕らの問題です。

GOOD

教　師：君がA君にひどいことをしたって聞いたんだ。実際はどうなの？
生　徒：あいつは前に同じことを僕にしていました。
教　師：A君は前に同じことをしたんだ。
生　徒：そうです。だから放っておいてください。
教　師：A君が君にしたことを10だとしたら，君はA君にどれくらいしたの？
生　徒：まだ2くらいです。
教　師：じゃあ，それが10になるまでやるっていうことかい？
生　徒：それは考えたことはなかったけど，たぶんそうです。親もやられたら，やり返せって言ってます。
教　師：残りの8を仕返しした後に，A君がまた違う方法でやってきたらどうするの？
生　徒：いや，それはまたやり返すかもしれないです。
教　師：君が前にすごくつらい思いをしたように，これが続いていくとお互いに心がすごく傷つくと思うよ。それはどうなの？
生　徒：それはそうです。でも仕方がない。

教　師：もし，その最中にどちらかが命を落としたとしたら，それは避けようのないことだろうか？
生　徒：いや，そこまでひどいことはしない。
教　師：君が今の行為を続けたいのは，前の恨みや怒りが残っているからだよ。
生　徒：……。
教　師：でもそれは君だけの問題ではなくて，気づかなかった先生の問題でもあるんだよ。
生　徒：そうですか。
教　師：君が嫌な思いをしているときに助けられなくて本当に悪かった。過去に戻れるなら戻って助けたいと思うよ。つらかったね。悪かったね。
生　徒：はい。
教　師：過去の君を助けることはできなかったけど，未来の君のことを助けたいと思うよ。
生　徒：どういうことですか。
教　師：これを続けていると，あとであんなことしなければよかったな，ときっと思う。
生　徒：はい。
教　師：A君だって君にしたことをきっと後悔している。やらなければよかったなって思っている。
生　徒：そうかもしれないですね。
教　師：それが伝わったのなら，もういいんじゃないのかい。

CASE-04　まとめ

①これから先に起こることをイメージさせる。
②生徒だけを責めるのではなく教師も反省の態度を示す。

いじめ加害者への対応

CASE-05

集団で無視をしている場合

同級生に対するいじめが発覚しました。どうやら集団で無視をしているようです。加害者側の中心生徒であるBさんに事情を聞いたところ，「別に悪口を言っているわけではありません。ただ自分が嫌だからかかわらないでいるだけです。他の人もそうだと思います。誰とつきあおうとその人の自由だと思います」と言い張り，指導が通りません。

WHY 解決へのファーストステップ

ステップ1

　無視するということは，ただ単にかかわらないに留まらず，相手の心を傷つける行為です。傷つける行為の前には，攻撃したいという気持ちがあります。多くの場合無視は，気に入らない相手への制裁といった側面をもっています。

ステップ2

　集団での無視は，集団での暴力に等しいものです。その残酷さに子どもは気づきにくいものです。また自分一人の行為はささいなことであり，他の人もやっているという思いは罪悪感を薄めます。
　学級で絵本『わたしのせいじゃない　せきにんについて』(レイフ・クリスチャンソン文，もんじまさあき訳，岩崎書店)を読み聞かせするのも効果的です。

HOW 対応のポイント

無視の残酷さを知らせる

　集団での無視は，日本では村八分という形で多く見られてきました。集団のルールや秩序を破った者を制裁し，その集団の秩序を保とうとするものです。子どもの中で行われる集団での無視は，単に気に入らない相手への攻撃という側面が強くあります。

　人間は社会的な生き物，存在です。集団での無視は，その存在を根底から脅かすものになります。日本の社会では過去には村八分によって自殺に追い込まれる人もいたといいます。その陰湿さを伝え，それに加担したくないという思いを抱かせることが大切です。特に遊び感覚で行われるものには必要なことです。

人間関係づくりを学ぶ絶好の機会であるととらえさせる

　人の悩みごとの大部分は人間関係であるとよくいわれます。無視に至る前には何らかの人間関係の問題があることもあります。遊び感覚で始まるのではなく，不満や怒りから始まる無視は，その思いをしっかりと吐き出させることが大切です。言いたいことを言えないことが，無視するという言わないことに結びつきやすいからです。

　そのうえで，大人になっても続くであろう人間関係の悩みに対処する貴重な機会であるととらえさせます。

ここが分かれ道！BAD／GOOD 対応

BAD

教　師：君たちがAさんに対して無視しているって聞いたんだ。実際はどうなの？
生　徒：ただ自分が嫌だからかかわらないでいるだけです。他の人もそうだと思います。
教　師：だからといって無視していいことにはならないだろう。
生　徒：別に悪口を言っているわけではありません。誰とつきあおうとその人の自由だと思います。
教　師：それはそうかもしれないけど，Aさんは嫌な思いをしているし，それは立派ないじめだよ。
生　徒：Aさんとかかわると私たちが嫌な思いをするんで，距離を置いているだけです。いじめなんて言われるのは心外です。

GOOD

教　師：君たちがAさんに対して無視しているって聞いたんだ。実際はどうなの？
生　徒：ただ自分が嫌だからかかわらないでいるだけです。他の人もそうだと思います。
教　師：嫌だからかかわらないんだ。
生　徒：何か悪いことでもありますか？
教　師：嫌な人と無理に仲良くしなさいとは言わないよ。でも無視するのはダメなことだ。
生　徒：別に悪口とか言ってません。
教　師：無視をするというのは，そこにその人が存在しないようにふるまうことだよ。つまり，その人を人間ではなく空気のように扱っていることになる。
生　徒：それは，そうです。

教　師：嫌だからかかわらないことと無視をすることは同じではないんだよ。無視するということは明らかに相手に対する攻撃になるんだ。だって人間扱いしていないわけだから。

生　徒：そういうものですか。

教　師：そして無視されることは，悪口を言われる以上に心が傷つくものなんだよ。だから無視をしておいて何もしていませんとは絶対にならないんだ。

生　徒：それは考えたことはなかったけど，わかりました。普通にかかわらないようにします。

教　師：嫌な人がいたら無視をする。そのことは何の解決にもならないし，幼稚な行為だよ。大人になってもそうするのかい？

生　徒：いや，大人になってまでそうはしません。

教　師：大人になって，そうしないための力を今つける必要があるんだよ。このままでは，その力はついていかない。どうだい。

生　徒：それはそうですね。

教　師：大人になって嫌な人に出会ったときに，ひょっとしたら上司とか先輩とか無視できない相手のこともあるよ。

生　徒：そうですね。

教　師：だから安易にみんなで無視するなんて行為は，クラスの人みんなを不幸にする行為だよ。先生が間に入るからきちんと伝え合おう。まずは無視しようと思ったきっかけを教えて。

生　徒：はい。

CASE-05　まとめ

①無視の残酷さを伝える。
②言いたいことを言えないことが，言わないことにつながる。無視しようとする気持ちについて語らせる。

いじめ加害者への対応

CASE-06
いじりがエスカレートしている場合

A君へのいじりがエスカレートしていじめになっているようです。でも中心になっていじりを行っているB君には全く反省の色がありません。クラスの中にもそれを止める雰囲気はありません。もっとエスカレートするのではと心配です。A君は不機嫌でいることが多くなってきました。

WHY 解決へのファーストステップ

ステップ1

　いじりは冷やかしやからかいといったいじめの様態とよく似ています。しかし，いじりというのは，相手と親和的なコミュニケーションをとりたくて行われます。相手への意図的な攻撃であるいじめとは，動機が大きく異なるものです。それだけに罪悪感をもつことが難しくなります。

ステップ2

　一人が親和的なコミュニケーションのためにいじりを行ったとしても，周囲が同調し，行為が広がれば，一日のうちに何度もしつこく言われ続けることになります。個別では悪気がなくささいなことであっても，大勢に言われれば，言われた側のダメージは大きくなります。言う側の罪悪感も薄れエスカレートしていきます。

HOW 対応のポイント

悪意がないことを認める

　お腹が空いている人に，好意で食事を出したとしても，それが毒であれば親切にはなりません。お腹が空いている人に好意で食事を出し，相手も喜べば親切になります。親和的なコミュニケーションとしてのいじりが成立するためには，している内容と相手の受け止めが肝心です。

　いじりは，表面的には冷やかし，からかいといったいじめの様態とそう変わりません。だからといって，頭ごなしにいじめだと伝えても，納得はしません。親切で食事を出している人に，「相手を病気にするつもりか」と言ってもピンとこないようなものです。

　まずは悪気がないことを受け止めて，本人に気を付けなければならないことを振り返らせます。

いじりはエスカレートすることを教える

　いじりの根底には相手への好意があるとしても，言う側の感情は一日の中で様々に揺れ動くものです。イライラしたときにするいじりは自然といじめに近いものになってしまいます。そうすると口調が強くなったり，内容もきつくなったりします。

　また，いじりを真似て参加する人数が増えることもあります。この人に言われても許せるけれど，あの人には難しいということもあります。参加人数が増えると言われる頻度が増えるということもあります。

　いずれにせよエスカレートしていきやすいものであることや言われている側の気持ちを考えさせる必要があります。

ここが分かれ道！BAD／GOOD対応

BAD

教 師：君がA君にしていることはいじりではなく，いじめじゃないかと思うときがあるんだけど，君はどう思っているの？
生 徒：え，いじめなんかしていません。ふざけて遊んでいるだけです。A君だって笑っています。
教 師：そういうつもりはないのかもしれないけど，明らかに度を超しているように思うから気を付けなさい。
生 徒：それは，やりすぎるなよっていうことですか？
教 師：まあ，そういうことだね。
生 徒：大丈夫です。気を付けています。

GOOD

教 師：君がA君にしていることはいじりではなく，いじめじゃないかと思うときがあるんだけど，君はどう思っているの？
生 徒：え，いじめなんかしていません。ふざけて遊んでいるだけです。A君だって笑っています。
教 師：いじめるつもりはないんだね。君たちは仲が良いもんね。
生 徒：そうですよ。
教 師：君はA君のことが気に入っているし，構いたくなるんだよね。
生 徒：そうです。
教 師：いじったときは楽しい気持ちで，相手も楽しいんだね。
生 徒：基本的にはそうですね。
教 師：何か気を付けなければならないことがあるとしたら，どういうことだろうね？
生 徒：それは，やりすぎないようにすることです。
教 師：君も，相手に悪気はないけど，しつこく言われて腹が立ったことってないのかな？

生　徒：あります。
教　師：特に仲が良いと相手に甘えて許されるだろうと思ってやりすぎることがあるんだよね。君のやっていることは大丈夫なの？
生　徒：大丈夫とは言えないので気を付けます。
教　師：他に気を付けることってあるかな？
生　徒：わかりません。
教　師：仲の良い人に言われるのは平気でも，他の人にまで言われたくないことってあるよね。
生　徒：それはそうですね。
教　師：だから言う人がだんだん広がると，その中には言われたくない相手もいるかもしれないよ。
生　徒：そうですね。
教　師：もう一つは，君だって楽しい気持ちのときに言っているだけでなく，テストが悪かったとか嫌な気持ちのときもあるよね。そんなときのいじりはやってはいけない。実はストレス発散で嫌がらせになっていることもあるからね。
生　徒：はい。
教　師：せっかく仲が良いのに，ある日突然もうつきあいたくないって相手が思うことだってあるんだ。そうなったら残念だよね。今の君の行動をＡ君が本当はどう感じているのか。もし嫌がっていたらやめなければならないね。
生　徒：はい。そうですね。

CASE-06　まとめ

①悪意がないことを認める。
②いじりがエスカレートすることを理解させる。

いじめ加害者への対応

CASE-07

陰口がエスカレートしている場合

クラスで特定の生徒が陰口を言われています。いろいろと不満がたまっているのだとは思いますが，これはいじめではないだろうかとも思います。言っている生徒に指導しようとしても，なかなか素直に聞く様子もありません。

WHY 解決へのファーストステップ

ステップ1

陰口を言う生徒はある意味で批判的に物事をとらえることができるということでもあります。しかしそれを直接相手に伝えられないところに弱さもあります。成長の過程で，陰口を言ってしまうのは誰もが通る道なのかもしれません。

ステップ2

人はつらいことがあったときに弱音を吐き，愚痴を言いながら，それで前に進めることがあります。ただ言うだけでストレス発散になるのです。

またそれを共有できる相手がいることで，仲間意識を育むことにもつながっていきます。それを陰口という方法で達成しているのかもしれません。

HOW 対応のポイント

不満を吐き出させる

　陰口を言われる対象は，他と違う面をもつ生徒が多いものです。他と違うということは，変に目立ってしまうこと，浮き上がってしまうことを恐れる生徒にとっては，真似のできないことかもしれません。そこには嫌悪と劣等感とが入り混じることもあるでしょう。

　まずは陰口を実際に言っているままに教師に対して言わせます。そしてそう言ってしまう自分の思いも詳しく語らせます。

　陰口の相手への不満を言わせることは，当人がどんな人間であるかを語らせることにもなります。

　悪口や陰口など聞きたくないものですが，生徒理解のためにも，不満を吐き出させることは実は重要なことです。

陰口を愚痴に変化させる

　自分が安全な場所にいながら相手を悪く言うのが陰口です。陰湿ですぐにいじめにつながる恐れがあります。しかしそれを禁止したところで，より巧妙にバレないよう言い，より陰湿になるだけです。

　相手を悪く言うのは望ましいことではありませんが，そう言いたい気持ちになることは誰にでもあるはずです。陰口を言うなと気持ちにふたをするのではなく，違う形で出口を与えなくてはなりません。

　愚痴を聞くというのは，共感的な理解そのものです。相手の腹が立ったり，困ったりしたことを，ただそのまま受け止めます。それをまず生徒に行い，いつでも話を聞くよということを伝えましょう。

ここが分かれ道！BAD／GOOD 対応

BAD

教　師：Aさんに対して面と向かって言えない気持ちがあるんだね。
生　徒：だって言っても無駄だし，どうせ聞いてくれないし。
教　師：それはそうかもしれないけど，だからといって，みんなで陰口を言うのはどうかと思うよ。
生　徒：でもAさんは本当にひどいんだよ。陰口で済むだけマシだよ。
教　師：でも，これはいじめだよ。
生　徒：先生は全然私たちの気持ちはわかってくれない。

GOOD

教　師：Aさんに対して面と向かって言えない気持ちがあるんだね。
生　徒：だって言っても無駄だし，どうせ聞いてくれないし。
教　師：本人に直接言っても，言い返されたりして，もっと嫌な思いをしそうってことかな？
生　徒：そう，本当にひどいんだよ。陰口で済むだけマシだよ。
教　師：本人には言えないけど，不満がたまって誰かに聞いてほしい状態だったってことだね。
生　徒：そうなんです。
教　師：Aさんのどういうところがひどいと感じているの？
　　　（事情を聞く）
教　師：なるほどね。Aさんに腹が立つ気持ちはよくわかったよ。それは誰かに，聞いてほしくなるね。ところで愚痴と陰口の違いってわかる？
生　徒：え，わかりません。
教　師：愚痴は，自分が大変だったことを人に聞いてもらう行為。それで何だかすっきりして頑張れるのが人間なんだよね。愚痴は，私がつらかったというふうに自分が主語になる。

生　徒：へえ。
教　師：陰口は，その相手のいない場所で相手の悪口を言う行為。あの人はああだとかあの人はこうだとか。主語は自分じゃなくて相手になる。
生　徒：そうですね。
教　師：誰かが君のことで愚痴を言うこともあるでしょう。それは仕方がない。人は完璧になんて生きられないからね。でも誰かが陰で君の悪口を言っていたら，それは嫌でしょう？
生　徒：はい。
教　師：君のしていたことは愚痴，それとも陰口？
生　徒：陰口です。
教　師：陰口は言う人と聞く人がいるんだけど，怖いことにあっという間にエスカレートしてしまう。内容もより相手を嫌ったものになるし，それを言う人もあっという間に広がっていく。それは後戻りできないんだ。
生　徒：はい。
教　師：そうするとどんなことにつながるかな？
生　徒：いじめです。
教　師：君がいじめをしているって陰で言われるようになったら，どうだろう。悲しいよね。
生　徒：……。
教　師：でも言いたい気持ちはわかるから，いつでも先生方に愚痴を言いにおいで。
生　徒：わかりました。

CASE-07　まとめ

①不満をしっかりと聞く。
②陰口ではなく愚痴を言わせる。

いじめ加害者への対応

CASE-08
「相手がやり返したから喧嘩両成敗だ」と言う場合

B君がA君に対していじめをしていることがわかりました。B君を指導すると，いじめではなくケンカだと言い張ります。B君のからかいに我慢できなくなったA君が手を出しただけなのですが，喧嘩両成敗だから，どっちも悪い。A君が謝るなら謝ると言って，こちらの話に耳を貸しません。

WHY 解決へのファーストステップ

ステップ1

B君は，そもそもどうやって「喧嘩両成敗」という言葉を覚えたのでしょう。きっと何かトラブルがあったときに，大人がきちんと事情を聞かずに，話を終わらせる言葉として使っていたのではないでしょうか。

喧嘩両成敗という言葉を持ち出し，話に耳を貸さない姿勢は，その生徒が問題に対して誤った解決方法を学習してしまったということです。

ステップ2

生徒が話し合いに応じないのは，自分が悪いことに気づいていないのではなく，話し合えば自分が不利になるとわかっているから土俵に上がろうとしないのかもしれません。素直に非を認めることによって，ひどく叱られてきたといった経験がそうさせる可能性もあります。

HOW 対応のポイント

喧嘩両成敗と言うときは数値化させる

やったこと，やられたことを次のように数値化します。

すごくひどいこと→3

ひどいこと→2

ややひどいこと→1

やりとりの中で互いがしたことを合計します。さらに最初にやったことは倍にします。

やったこと，やられたことを数字で表すことによって，喧嘩両成敗が成立するかどうかを振り返らせます。

押し問答は視覚化させ，順序立てて考えさせる

「自分が先に言ったけど相手も悪い」と同じ言葉の繰り返しになってしまうときは，紙や黒板に言った言葉や行為を書きます。

自分が「○○」と言った

→相手が「○○」と言った

→自分が「○○」と言った

→相手が叩いた

さらに，なぜそうしたのか，そのときに相手はどう思ったかということを話させ，記入していきます。

そしてこの後に，どんな行為が必要かを考えさせて言わせます。そしてその行為によって誰がどんな気持ちになるかを言わせ書き込みます。

押し問答になるときは，こういったやり方だと冷静に考えさせることができて効果的です。

ここが分かれ道！BAD／GOOD 対応

BAD

教　師：君がA君にしていることは，いじめだと思う。君はどう思っているの？
生　徒：え，でもあいつもこっちを叩いてきたからお互い様だと思います。
教　師：それは違うんじゃない。
生　徒：口で言っただけなのに叩かれたこともありました。喧嘩両成敗だと思います。

GOOD

教　師：君がA君にしていることは，いじめだと思う。君はどう思っているの？
生　徒：え，でもあいつもこっちを叩いてきたからお互い様だと思います。
教　師：お互い様ということは自分も相手も同じ立場っていうことかな？
生　徒：口で言っただけなのに叩かれたこともありました。喧嘩両成敗だと思います。
教　師：じゃあ君もA君も両方悪いっていうことかな，それとも両方悪くないってことかな？
生　徒：両方とも悪いんじゃないですか。
教　師：じゃあ，A君の悪かったところは，A君に聞くとして，君はどういう点が悪かったの？　行為を教えて。
生　徒：からかったり，叩いたりした。
教　師：正直にきちんと言えるんだね。素晴らしいよ。他には？
生　徒：すぐに返したけど物をとったり。
教　師：そういう行為を一つずつ数えたら，どれくらいになる？
生　徒：10もないかな。
教　師：A君がやったことは数えたらどれくらいだろうね？
生　徒：2くらい。

教　師：それは君にやられて嫌だったからやり返したってことかな？
生　徒：そうです。
教　師：喧嘩両成敗という言葉はふさわしいかな。五分五分ならいいけど。
生　徒：いや，回数の問題ではないと思います。
教　師：ケンカっていうのは基本的に近い人間関係で起きるんだけど，君はA君と休み時間に楽しく過ごしたりしたかったんじゃないのかなぁ。
生　徒：そうですね。
教　師：仲良くなりたいと心で思っていても，君の行為でA君がますます離れていくっていうのはわかるかい？
生　徒：何となく。
教　師：A君だけじゃなく，周りの人も君のことを嫌だなって思って離れていくよ。
生　徒：そうですね。
教　師：だって，君のほうからたくさんちょっかいを出して，やり返したら，喧嘩両成敗だなんて自己中心的だよね。そんな人とはつきあいたがらない。
生　徒：はい。
教　師：本当に心からのケンカをして，それでもすぐに仲直りできるような関係をつくっていきたいよね。そのために今の行為を続けるか，別の行為をするか，どっちにする？
生　徒：別のにします。
教　師：じゃあ，一緒にどうしたらいいかを考えよう。

CASE-08　まとめ

① したこととされたことを客観的に振り返らせる。
② お互いが嫌な思いをするのではなく，お互いに楽しくできる関係を目指させる。

いじめ加害者への対応

CASE-09

やりたくないのにやらされている場合

B君がクラス内でいじめをしています。それを他の生徒にも強要し，いじめに参加させているようです。B君には当然指導はしますが，やらされている子にも指導の必要性を感じています。

WHY 解決へのファーストステップ

ステップ1

いじめは加害者と被害者との関係だけではなく，その周囲の傍観者がいじめ解決のカギを握るといわれています。しかし現実には加害者は発覚を恐れて，傍観者もいじめに加わるように強要します。もし参加しなければ自分がターゲットにされてしまいます。その場合，いじめをしたくはないけれどいじめられたくないという心理から，やらざるを得なくなります。

ステップ2

子どもの行動は，善悪の判断よりも周囲がどうしているかが基準となります。そこで周囲と同じであれば，ターゲットを攻撃しても，そこに罪悪感は希薄になります。また実際に攻撃することでストレスを発散することを覚えてしまうと，強要されているかいないかにかかわらず，やめることが難しくなっていきます。

HOW 対応のポイント

被害者の家族の気持ちを考えさせる

　集団でのいじめが続くと，被害者に対する人権感覚など麻痺してしまいます。また罪悪感を薄めるために，されても仕方がない人間なんだと心のどこかで思い込もうとします。

　そんな状態で，やられた側の気持ちを考えて行為を抑制させるのは実際には難しいことです。そこで，被害者のことを大切に思っている家族のことなど，違う視点で考えさせます。そうすることで自分はいじめられたくないけれど，他の人がいじめられるのもいけないことだと実感できます。

自分自身の責任について考えさせる

　そもそもいじめに加担している状態は振り返りたくないものです。現在の状況にも目を背け，考えないようにしています。まして，それが続くとどうなるかは全く眼中にありません。

　そこで，この行為が続くとどうなるかをなるべく現実感をもって想像させます。そして待ち受けているかもしれない最悪のシナリオを考えさせます。そのときに自分がどんなことを感じ，考えるのかをしっかりと語らせます。最悪のシナリオでなくても将来きっと後悔するという視点をもたせます。そうすると今現在の自分が当然だと思っていた考えとは違う考えが出てくるはずです。

　自分を守るはずの行為は，誰かを傷つけるかぎりは必ず自分自身に返ってきます。そして自分自身を深く傷つけます。そうなってほしくはないから，やめてほしいということを愛情をもって伝えましょう。

ここが分かれ道！BAD／GOOD 対応

BAD

教　師：君がＡ君にしていることは，いじめだと思う。君はどう思っているの？

生　徒：え，でもやらないとこっちが，みんなにやられるかもしれないし，あいつにも原因があるから仕方がないと思います。

教　師：でもＡ君がかわいそうだし，君にだって正義感はあるだろう。

生　徒：言っている意味はわかりますが，やらないとこっちだってやられるかもしれないんです。

教　師：脅されているのかい？

生　徒：そういう空気なんです。

教　師：……。

GOOD

教　師：君がＡ君にしていることは，いじめだと思う。君はどう思っているの？

生　徒：え，でもやらないとこっちが，みんなにやられるかもしれないし，あいつにも原因があるから仕方がないと思います。

教　師：やらないとやられるから，仕方なくやっているんだ。

生　徒：そうです。そういう空気なんです。

教　師：やられているＡ君がいて，誰も止める人がいない状態だね。

生　徒：そうです。参加しないと今度はこっちがやられるし。

教　師：やりたくなくてもやらなければならないんだという君の気持ち，事情は理解したよ。

生　徒：はい。

教　師：では，そのことをＡ君の親に話したとしたら，それで納得するかな。Ａ君の親は君に何と言うか，想像してみて。

生　徒：え，それでも，お願いだから，あなただけはいじめないでって言

うかな。
教　師：そしたら君は何て答える？
生　徒：ごめんなさい。やらないとやられるんでって言います。
教　師：それでも親はお願いだから，そんなことはやめてって言うよね。
生　徒：はい。
教　師：それって，そもそも親がお願いしなければならないことなんだろうか。君がそうするのは当たり前なんだろうか。
生　徒：いえ，違います。
教　師：何かがおかしいよね。きっと今の状況は大切なことを考えないようにしているからできるんだよ。
生　徒：そうかもしれません。
教　師：もしも万が一いじめで命を失ったりしたら，君は一生苦しむことになるよね。君の責任はどう考えてもゼロにはならないね。
生　徒：はい。
教　師：今の行動は，自分を守るためにしているようだけど，本当に自分を守る行為なのかな。守るどころか，自分を大変な目にあわせる可能性だってあるよね。
生　徒：はい。
教　師：クラスのみんなが一斉にいじめをやめたら君は困ることはあるかい？
生　徒：いいえ。
教　師：じゃあ，先生が一人ずつ話してやめさせようと思う。君もやらないと約束できるかい？
生　徒：みんながやらないならいいよ。

CASE-09　まとめ
①被害者の家族の気持ちを考えさせる。
②自分自身の責任について理解させる。

いじめ加害者への対応

CASE-10

叩く，蹴る，ぶつかるなどの暴力を伴ういじめの場合

B君がクラス内で暴力を伴ういじめをしています。イライラしているときに手を出してしまうことが多いようですが，本人はついかっとなってやってしまって自分でも抑えられないと言います。感情が抑えられず，指導にも効果があるとは考えにくい状況です。

WHY 解決へのファーストステップ

ステップ1

日本のいじめは悪口や無視などのコミュニケーション系のいじめが多い傾向があります。しかし，叩く，蹴る，ぶつかるなどの暴力的ないじめも一定数見られます。加害者側が衝動的で感情を抑えられないという傾向があるようです。

ステップ2

暴力をふるうことは自分でもどうしようもないことであるという考えは，自分に責任がないという安易な考えに結びつきやすいものです。ムカつくから叩く。ムカついている感情があるから，発散するために叩く。そんな行為には，自分自身を振り返ってどうしたらよいかという思考がありません。自分自身の責任について向き合い，考えさせることが不足しているように思われます。

HOW 対応のポイント

暴力を肯定している気持ちに気づかせる

　暴力を受けている子どもは暴力をふるう傾向があります。学校での体罰は，ほぼ姿を消しているように思います。しかし家庭では，長期的なマイナスは大きいものの短期的に言うことを聞かせられることから，しつけという名の体罰は根強くあります。

　悪いことをすると口で叱られる→何度言っても改善しない→体罰

　このサイクルの中にある子どもは，悪いことをしたら叩いても仕方がないと考えます。言うことを聞かない場合，暴力をふるっても構わないという考えです。

　いじめでも言うことを聞かないから叩いたという場合もあります。その考えの間違いに気づかせる必要があります。

過去ではなく，これから先を考えさせる

　衝動的に行動してしまった生徒に，なぜそうしたかを追及しても，ついやってしまったとしか答えられないものです。しつこく聞いても反発して指導が通りにくくなります。原因などに一通りふれたら，「やってしまったことは仕方がない。これからどうするかを一緒に考えよう」という姿勢のほうが素直に話を聞きます。

　大人になってから暴力をふるうと社会では排除されます。普段は真面目とか優しいとかは関係なく，暴力にはその人が築いてきたものをすべて奪う力があるわけです。子ども時代にいじめでストレス発散をすると将来，暴力をしやすいというデータがあります。

　将来幸せに暮らしていくためにも暴力をしない学校生活が必要です。腹が立ったときの代替行為などを考えさせることが大切です。

ここが分かれ道！BAD／GOOD対応

BAD

教　師：君がA君にしていることは暴力で、社会では絶対に許されないことだ。
生　徒：え、でも大人だって子どもを叩くことがあるじゃない。
教　師：それとこれとは別だろう。親でもあるまいし。
生　徒：あいつが言うこと聞かないから叩いた。口で言っても聞かないから仕方がない。
教　師：それが許されるわけないだろう。
生　徒：じゃあ、大人が子どもを叩くのは許されるのか。
教　師：……。

GOOD

教　師：君がA君にしていることは暴力で、社会では絶対に許されないことだ。
生　徒：え、でも大人だって子どもを叩くことがあるじゃない。
教　師：親は子どもを思う気持ちが強いから叩いてしまうこともある。でもそれで親自身もつらい思いをするんだよ。君は叩いたときにつらい思いだったのかい？
生　徒：別に。
教　師：A君に対して深い愛情をもっていたわけでもないんだろう？
生　徒：それはそうだ。
教　師：だから親がしてしまう行為と一緒にしないでほしい。大人が子どもを叩くのが許せない、そんな大人はダメな大人だと考えるのなら、わざわざダメな大人の真似はしなくていい。それに叩くときは別にそんなことは考えていないだろう。どんな状況だったの？
生　徒：かっとなって叩いた。
教　師：どんな出来事が君をかっとさせたのかな？

生　徒：別に。
教　師：叩く直前に，どんなことを考えたの？
生　徒：ムカついた。
教　師：Ａ君のどんなところに？
生　徒：宿題ができてない人を馬鹿にするみたいな態度だった。
教　師：どんなことを言ったの？
生　徒：宿題やってきてよかったって。
教　師：それだけ？
生　徒：こっちは居残りさせられるのに。
教　師：君が居残りするのはＡ君に責任があるのかい？
生　徒：いや。ついかっとなっただけ。
教　師：君は，かっとなったら誰が相手でも叩くのかい？
生　徒：そんなことはない。
教　師：でもＡ君にならやるのはなぜかわかるかい？
生　徒：わからない。
教　師：Ａ君にならやってもいいって考えているんだ。
生　徒：それはあるかも。
教　師：そもそも君が宿題を終わらせていればやらなかったのかもしれないね。
生　徒：そうだね。
教　師：自分自身の問題の腹いせにＡ君を選んで暴力をふるっている。かっとなったで済まされる問題ではない。この問題に君自身責任をとらなければいけない。これから先どうしたらいいか。一緒に考えようか。
生　徒：うん。

CASE-10　まとめ
①暴力を肯定している気持ちに気づかせる。
②ストレスを抱える要因と向き合わせる。

いじめ加害者への対応

CASE-11

いじめに教育的意義を感じている場合

BさんがA君に対して、からかいや冷やかしなどのいじめをしています。BさんはA君がきちんとしないから注意しているだけだと言い張り、いじめの事実を認めません。A君にもたしかに注意されるべき点もあり、Bさんの言うことにも一理あるようにも感じます。

WHY 解決へのファーストステップ

ステップ1

きちんとできないことが多い生徒に、周囲がそれを指摘することはよくあります。それに対してうまく言い返せなかったり、反対に言い返して反発をされたりといったこともあります。すると次第に周りの注意は、冷やかしやからかいにエスカレートしていきます。

ステップ2

教室内にたまっていく負の感情は出口を求めます。クラスの中で規律指導が厳しい、管理されているといった感覚をもっている生徒は、そのストレスをできない生徒にぶつけます。連帯責任といった指導をすれば、なおさらです。

できない生徒がいることはきっかけにすぎず、ストレスをぶつけたい生徒の気持ちが本当の原因です。

HOW 対応のポイント

頑張りを認める

　嫌でも我慢して頑張っている生徒は，やらない生徒に対して不愉快な思いを抱きます。その不愉快な思いの量は，やらない量とだけ比例するわけではありません。我慢して頑張っている量にこそ比例するのです。

　我慢して頑張っているのに，評価もされず報われないのであれば，頑張っていない生徒と同じ扱いになります。そうなると生徒自身が頑張っていない生徒に制裁を加えようという気持ちになります。

　頑張っている生徒は教師から褒められ，認められるけれど，頑張っていない生徒は，その部分を認めてもらえないという状況をつくる必要があります。

役割を交代する

　教育的意義からいじめにエスカレートしてしまうのは，その根底に正義感があります。やらない人がいるのは不公平だという思い，それによって周りが迷惑をかけられるのは不条理だという思いです。その正しさを求める気持ちは尊重しなくてはいけません。

　ただし，その思いが強すぎると，言われる側の気持ちに配慮することができなくなります。正しさはあっても，優しさはない状態です。学校は正しさも優しさも両方学ぶ場です。

　そこで，その思いは受け止めながらも，注意指導は教師が中心になってやっていくことを提案します。そして正しさの代わりに，やらない子に対する優しさを受け持ってほしいという願いを伝えます。その子自身に不公平感がなく，教師に優しくされているという感覚があれば，その提案を受け入れやすくなるはずです。

ここが分かれ道！BAD／GOOD対応

BAD

教　師：A君が君にからかいや冷やかしのいじめをされていると聞いたんだけど，どう思っているのかな？
生　徒：え，いじめなんかしていません。
教　師：でも，きつくあたることもあるんじゃないのかな？
生　徒：それはA君がきちんとやらないから注意しているだけです。注意しているからさつい言い方になることもあるけど，それでA君もちゃんとやるんです。
教　師：でも，からかったり冷やかしたりもあるんだろう？
生　徒：やらないことを指摘することはあるけど，いじめじゃありません。
教　師：……。

GOOD

教　師：A君が君にからかいや冷やかしのいじめをされていると聞いたんだけど，どう思っているのかな？
生　徒：え，いじめなんかしていません。
教　師：いじめはしていないけど，どんなことならしたのかな？
生　徒：A君がきちんとやらないから注意しているだけです。注意しているからきつい言い方になることもあるけど，それでA君もちゃんとやるんです。
教　師：なるほどね。きちんとやらないのはA君自身の問題だと思うけど，注意しているときはどんな気持ちなの？
生　徒：やらないとみんなも迷惑することもあるし，だから腹が立って言っているときもあります。
教　師：本人がうっかりして，やらないことを言ってあげるのは親切だね。でもやれないことを言っていたら本人はつらいかもね。
生　徒：別にやれないことなんて言っていません。

教師：もしうまくやれないことを笑ったりしたら，それはからかいになるよ。それはわかっているね。

生徒：わかっています。注意しているだけです。

教師：たしかに君の言っていることに正しさはある。でも言われている側の気持ちを考えると，正しさだけでなく，もう少し優しさがあればいいなと思う。

生徒：自分のことで精一杯で，そんな余裕はありません。

教師：そうだよね。君は自分のことをしっかりとやって，さらに周りが迷惑しないように，A君にアドバイスまでしてくれているんだからね。

生徒：いや，アドバイスってほどでは。

教師：やるべきことをやらせるようにするのは正しいことだね。君が言ってくれていたのは助かるんだけど，本来，それはもう少し先生が頑張らなければいけない部分だね。A君に対しての正しさは先生に任せてもらえるかな？

生徒：はい。

教師：正しさは先生が担当するから，そのかわり君には可能な範囲でいいから，優しさを担当してもらえるかな？

生徒：優しさですか。

教師：君がしてくれていたことには感謝しているよ。でも君に頼りすぎたね。君だってイライラしたりするよね。君にばかり甘えるわけにはいかないから，何かあれば先生に言ってもらえると嬉しいな。

生徒：わかりました。

教師：今までA君にアドバイスしてくれたけど，これからは先生にアドバイスしてもらえると嬉しいな。

CASE-11　まとめ

① 頑張っている気持ちを受け止める。
② 正しさから優しさにシフトさせる。

いじめ加害者への対応

CASE-12
状況的に加害者だが，証拠がない場合

A君に対して，ノートに落書きをするなどのいじめがありました。落書きが可能な時間帯に教室にいた人，筆跡などからするとB君の可能性が極めて高いように思います。本人に聞いてみたところ「自分ではない」と言います。証拠もないので，それ以上聞くこともできずにいます。きつく言って聞き出したほうがいいのかなとも思います。

WHY 解決へのファーストステップ

ステップ1

　自分に都合が悪いことは誰でも隠そうとするものです。正直に言って叱られるよりも，隠し通して叱られないほうがメリットを感じます。証拠がないと絶対に白状しないという行動パターンをもつ生徒も多くいます。バレるとわかっていても，少しでも叱られるのを先のばしにできればいいと考えることもあります。

ステップ2

　たまりにたまった怒りの腹いせでする場合なら，バレないように悪さをするものです。しかし犯人が簡単に推測されるような状況なら，衝動的に行動している可能性が高くなります。
　前者は行動にブレーキをかけられるタイプ，後者はかけられないタイプです。子どもは発達の途中の段階です。衝動性が強い生徒は多くいるものです。

HOW 対応のポイント

2つの気持ちを率直に伝える

　教師が生徒の言葉を疑ってかかると,「疑われた」「信じてもらえなかった」と反撃を受けることがあります。だからといって「疑ってはいけない」という思い込みが強すぎると生徒が正直に言いづらくなることもあります。

　教師も人間,生徒も人間です。お互いに完璧に生きられない存在であることを伝え,「君はそんなことをしないだろうという気持ち,ひょっとしたらやってしまうこともあるかもしれないという気持ち,両方もっているよ」と率直に伝えることも大切です。

逃げ道は残すが,方向性を与える

　正直に言わせて,もうしないようにさせる。
　むりやり白状させるけれど,行為が続く。
　あえて逃げ道を残すけれど,もうしないようにさせる。
　上の3つであれば,最初が理想なのは言うでもありません。それができないときに,白状させることにこだわった指導をすると,その反発から行為が続いたり,より巧妙になったりということもあります。

　そうであれば,「君のことを信頼しているから,見守っていてほしい」と被害者を見守る役目を与えるというのも手です。信じてもらえたということで意気に感じ,行動してくれる場合もあります。

　特定の生徒が犯人かもしれないと決めつけて教師が指導をすることは,危険なことでもあります。実は真犯人がいたというケースもあるのです。

ここが分かれ道！BAD／GOOD 対応

BAD

教　師：A君の持ち物にいたずらされていたんだけど，何か事情を知っているかな？
生　徒：え，知りません。
教　師：書かれたのは，昨日の放課後で，その時間教室にいたのは君だけなんだ。それとも教室で，その時間，他の誰かを見たかい？
生　徒：いえ，知りません。
教　師：でも，状況的に他の人にはできないんだよね。
生　徒：疑っているんですか？
教　師：いや，そういうわけじゃないけど……。

GOOD

教　師：A君の持ち物にいたずらされていたんだけど，何か事情を知っているかな？
生　徒：え，知りません。
教　師：書かれたのは，昨日の放課後で，その時間教室にいたのは君だけなんだ。それとも教室で，その時間，他の誰かを見たかい？
生　徒：いえ，知りません。
教　師：でも，状況的に他の人にはできないんだよね。
生　徒：疑っているんですか？
教　師：正直に言うと，君はそんなことはしないだろうなという気持ちと，ひょっとしたらふざけてやってしまったのかもしれないという気持ちと半々ずつあるよ。
生　徒：え，していません。
教　師：これはクラスの中で起きた大問題だから，一緒に考えてほしい。少し話を聞かせてくれるかな？
生　徒：はい。

教　師：今回ノートに落書きをした人は、どんな気持ちでやってしまったと君は思う？

生　徒：え、自分はしてません。

教　師：そうだよね。君はそんな陰でこそこそするような人ではないもんね。君がしたと言っているわけではなく、今後クラスで起こらないように、一緒に考えてもらいたいんだ。A君に怒りをもってやったのか単なるふざけなのか、君の意見を聞かせてもらえるかい。

生　徒：ああ、そういうことなんですね。たぶん、Aのやつ最近調子に乗ってるから腹を立ててやったんじゃないですかねぇ。誰かはわからないけど。

教　師：調子に乗っているってどんなこと？
　　　　（事情を聞く）

教　師：こんなことって続きそうかい？

生　徒：いや、もうないんじゃないかな。

教　師：君は、いろいろとよく見えているようだから、A君のことを見守っていてほしいな。A君が調子に乗っているって感じたときも、それを教えて。君のことを信頼しているから頼むよ。

生　徒：はい。

教　師：念のために言うけど、万が一君がついやってしまったということはないのかな。もしそうなら、いつでも言ってほしい。誰でも間違えることはあるからね。

CASE-12　まとめ

①信じている気持ちと半信半疑な気持ちを率直に伝える。
②被害者を見守る役目を与える。

いじめ加害者への対応

CASE-13
加害者が親に虐待されていた場合

親からの虐待を受けていたB君が、級友にいじめをしています。指導しようとしたところ、「他の子もやっている。なぜ自分ばかり言われるんだ」と口答えや屁理屈を言って指導になりません。

WHY 解決へのファーストステップ

ステップ1

　虐待という「支配―被支配」の関係の中にいた子どもは、他の人間に対して力によって支配的にかかわろうとすることがあります。
　自分がされていたことが許されるのなら、相手にすることも許されることになります。それを禁じられれば不公平感につながります。

ステップ2

　虐待の有無にかかわらず、いじめをする生徒は自尊感情や自己評価は低いものです。いじめによって、「あいつよりましだ」という感覚をもつことで、その自己評価を高めようとします。自分自身に誇りをもてて、正しく考えることができれば、いじめはしにくくなるものです。

HOW 対応のポイント

虐待の悲しみを理解する

　虐待を経験すると感情や行動のコントロールが難しくなります。その結果，大人に叱責されることが増え，自尊感情は低下していきます。

　そもそも支配的なかかわりの中では，自己評価を高く保つことは難しいものです。自尊感情の低さは，誰かを攻撃し，「あいつよりは上だ」という考えをもつことで紛らわすことができます。やられていたことを他者にやり返すことで埋め合わせをしているのです。

　そこで，本人の存在を認め，自己評価を高めていくことが長期的な対応として欠かせません。

　いじめという行為そのものは決して許容できませんが，そうせざるを得ない悲しみが根底にあることを理解しなくてはなりません。

虐待の悲しみに飲み込まれない

　虐待の経験は，トラウマ（心的外傷）を残したり，アタッチメント（愛着）の形成に問題を抱えたりということにつながります。

　すると情緒的に不安定で攻撃的になりやすいものです。その結果，その子と中心的にかかわる大人が心理的に消耗し，追い詰められます。

　こんなかわいそうな環境で生きてきた子どもに，優しくかかわれない自分はダメな人間だと罪悪感すらもってしまいます。

　虐待の問題は，その期間以上に回復に時間がかかるものです。自分が担任でいる間に劇的に改善するわけでもなく，長い目でかかわる必要があります。また，問題が長期化するとかかわる人間が少なくなる傾向があります。一人で問題を抱え込まずに，情報をオープンにし，チームで支えていくことが大切です。

ここが分かれ道！BAD／GOOD 対応

BAD

- 教　師：君がA君の悪口を言ったり暴力をふるったりしているって聞いたんだけど，どうなんだい？
- 生　徒：あいつが生意気だからやったんです。
- 教　師：たとえ，どんなことがあっても，それで暴力は許せないなぁ。
- 生　徒：なんで自分ばっかり，そんなこと言われなきゃいけないんですか？
- 教　師：だって，これはいじめだよ。
- 生　徒：え？
- 教　師：やられた側が嫌がっていたらいじめだよ。
- 生　徒：嫌がっていたら，いじめなら，先生も僕をいじめてます。

GOOD

- 教　師：君がA君の悪口を言ったり暴力をふるったりしているって聞いたんだけど，どうなんだい？
- 生　徒：あいつが生意気だからやったんです。
- 教　師：生意気っていうのは，どんなこと？
- 生　徒：言うことを聞かなかったり，口答えしたりっていうこと。
- 教　師：A君が言うことを聞かなかったり，口答えをしたりしてはいけないのかな？
- 生　徒：そうです。あいつは弱いし当然です。
- 教　師：君はA君より力が強いから，相手が言うことを聞くのが当たり前だと思っているのかな。
- 生　徒：そりゃあ，そうですよ。
- 教　師：どうして，そう思うのかな？
- 生　徒：だって，親にそう言われてきたから。
- 教　師：そう言われてきて，どう思っていたの？

生　徒：ああ，自分が悪いんだなって。
教　師：自分が悪いって思って，乗り越えてきたんだね。
生　徒：そうです。
教　師：そうか，今君がそう思っているのはわかった。親だって愛情があって叱ってくれたわけだしね。
生　徒：はい。
教　師：でも，君はＡ君の親じゃないからね。親にされたのと同じことを友達にしていいわけではないんだよ。
生　徒：そうなんですか。
教　師：そうすると君はどんな気持ちになるのかな？
生　徒：なんかスッキリする。
教　師：君のこれまでの考え方は，きっと必要だったんだね。でもこれから先は別の新しい考え方も学んで身につけてほしいな。
生　徒：そうですか。
教　師：親から学んできたのは，基本的に上下関係のある人間関係だね。でも友達は上下関係じゃなくて，対等な存在だ。だからかかわり方も，これまで学んできたものとは別のものが必要だよ。
生　徒：そうですか。
教　師：それを身につけると，君自身がもっと周りから好かれたり，認められたり，楽しく過ごすことができるよ。そうなるように応援するからね。
生　徒：はい。

CASE-13　まとめ

①これまでの体験から生じる気持ちは受容する。
②本人が周りから嫌われるような行動は許容しない。

いじめ加害者への対応

CASE-14

開き直って反省が見られない場合

A君をいじめていたB君に指導しようとしたところ，「Aに謝ればいいんだろう」と開き直って反省する様子がありません。口では反省していると繰り返すのですが，そうは思えません。

WHY 解決へのファーストステップ

ステップ1

　開き直って反省しているように見えないのは，早く叱責を終わらせたい気持ちや指導に対して反抗的な気持ちがあるのかもしれません。自分が悪いことをしたのはわかっているけれど，「悪かった」と心からは思えていない状況です。

ステップ2

　謝ればいいんだろうという言葉は，傷つきやすさや打たれ弱さの裏返しかもしれません。厳しい叱責には耐えられない，間違ったことをしてしまった自分自身ときちんと向き合えない弱さがそこにあります。
　またこれまで叱責される場面で，人間性を否定されたりといった場面を多く経験しているのかもしれません。

HOW 対応のポイント

叱責ではなく言葉を引き出す

　叱責を回避したい，早く謝って終わらせたいという生徒は，それまでの指導で，長く説教され，最後は反省の弁を述べて終わるというパターンを繰り返してきたのかもしれません。

　教師が長く話し，生徒が我慢して聞くインプット型のスタイルではなく，しっかりと生徒に考えさせ，それを述べさせるアウトプット型のスタイルを心がける必要があります。

　特に教師が自分の怒りのままに，気持ちが収まるまで長々と叱り続けるといった指導をしていないかを振り返る必要があります。叱責を受け止められる心のコップが，もうあふれているのかもしれません。

フォローをしっかりとする

　打たれ弱さや傷つきやすさをもつ生徒は，叱責した場合に，どうでもいいと投げやりな態度になってしまうこともあります。

　別に傷つけようとしてやったわけじゃないんだよね。

　あまり考えないで言ってしまっただけだよね。

　やらなければよかったって後悔しているんだよね。

　きっと，もうしないと思うよ。

　そんな言葉をかけ，本人の変わろうとする姿勢を信じ支えるというスタンスで臨みましょう。

　謝ればいいだろうという生徒は，二分割思考をもつ場合があります。自分の一部を否定されると全否定されたように感じる思考パターンです。こういった生徒には指導しっぱなしではなく，特にフォローが必要になります。

ここが分かれ道！BAD／GOOD対応

BAD

教　師：君がA君に対していじめをしているって聞いたんだけど。
生　徒：え？
教　師：そのことについてどう思っているんだい？
生　徒：自分が悪かったです。A君に謝りたいと思います。
教　師：謝りたいで済む問題じゃないだろう。
生　徒：はあ。
教　師：ちゃんと反省しているのか？
生　徒：反省してるつもりですけど。
教　師：そんな態度じゃ反省しているように見えないぞ。
生　徒：どうすればいいんですか！

GOOD

教　師：君がA君に対していじめをしているって聞いたんだけど。
生　徒：え？
教　師：そのことについてどう思っているんだい？
生　徒：自分が悪かったです。A君に謝りたいと思います。
教　師：何が悪かったのかな？
生　徒：いじめてしまったことです。謝ります。
教　師：謝るのは心からの反省をしてからだよ。
生　徒：え，反省してます。
教　師：まず自分がしたことを話してごらん。
生　徒：悪口を言ったり，からかったりしました。
教　師：それの何がいけなかったんだろうね？
生　徒：え，悪口やからかいはダメなことです。
教　師：それはどうしてだろうね？
生　徒：A君を傷つける行為だからです。

教　師：A君は，そのとき君に対してどんな気持ちになっただろうね？
生　徒：嫌な気持ち。
教　師：言葉にするとどんな感じかな？
生　徒：なんでこんなことを言うんだろうって感じ。
教　師：そうだよね。なんで君はそんなことをしたのかな？
生　徒：A君の気持ちを考えていなかったから。
教　師：A君の気持ちを考えなかったのはなぜかな？
生　徒：自分さえよければいいって思っていたから。
教　師：そうだね。今も君は自分が叱られないことばかり考えて，A君の気持ちを考えていないように見えるよ。
生　徒：……。
教　師：悪いけど心から反省しているようには見えない。説教を聞いてごめんなさいって言えば済むって考えているように見える。
生　徒：……。
教　師：でも本当は傷つけようと思ってやったわけではないよね。
生　徒：はい。
教　師：A君も君に対して，もうやらなければそれでいいと言ってくれているよ。君のことを，もう二度としないって信じてくれているみたいだよ。今どんな気持ちだい？
生　徒：A君に本当に悪いことをしてしまったと思います。

CASE-14　まとめ

①しっかりと反省するまで謝罪はさせない。
②投げやりにならないようにフォローをしっかりする。

CHAPTER 3
いじめ傍観者への対応で困った場面

いじめを解決するうえで最大のカギを握るのは傍観者です。傍観者の意識を変えさせることで，いじめの発見は大きく進みます。しかし，自分には関係ない，余計なことをして巻き込まれたくない，自業自得だといった考えを払拭することは困難です。本章では傍観者指導での困った場面について考えていきます。

いじめ傍観者への対応

CASE-01

いじめの事実を知らせてこなかった場合

Aさんが，いじめられていると訴えてきました。すると多くの子どもがその事実に気づいていることがわかりました。あまりにも無関心で冷たい態度に指導が必要だと感じます。

WHY 解決へのファーストステップ

ステップ1

クラスは強制的に集められた集団であり，気の合う人，合わない人，いろいろな人がいることになります。同じクラスだから一つの集団として教師は考えますが，生徒にとっては，少人数の自分の仲間以外には，それほど関心はありません。他の人に親身であってほしいと願っても，生徒はどこか他人ごとになってしまいがちです。

ステップ2

子どもが行動するときは，意識する，しないは別にして，メリットとデメリットを常に天秤にかけています。被害者との人間関係が薄い場合は，教師に知らせることにメリットはあまり感じません。むしろチクったとされることのほうがデメリットが大きくなります。

HOW 対応のポイント

集団としての意識をもたせる

　自分の所属する小集団だけでなく，クラスも自分にとっての一つの集団だという意識をもたせるのは一朝一夕にはできません。

　自分のクラスに居場所があると思えたり，貢献している感覚をもたせたり，一つのことで喜怒哀楽を共有できたり，そんな日々の積み重ねが必要です。そうであってこそ初めてクラスを大切にしようという意欲が出てきます。

　でも行動するために集団としての意識が醸成されるのを待っているわけにもいきません。長期的には，そのことを目指しつつ，短期的には，「困っている生徒がいれば先生に知らせる」といった行動は最初からルール化しておく必要があります。

安心して知らせることのできる方法を用意する

　生徒が安心していじめの事実を知らせるためには，匿名性を担保することが必要です。

　自分が言ったと周囲に知られてもいいと考える生徒はほとんどいないでしょう。

　教師との信頼関係があれば，教師に知らせても周囲にわからなければよいと考えます。信頼関係が脆弱であれば，周囲はもちろんのこと，教師にも知られたくないと考えます。

　匿名性を担保するために教室にSOSカードを用意し，記入して教師の机の引き出しに入れさせるといったことも効果的です。その際には筆跡で誰かわからないように，被害者の出席番号のみを記入し，あとは選択肢に○をつけるといった形にすることも大切です。

ここが分かれ道！BAD／GOOD対応

BAD

- 教師：Aさんがいじめられていることを君たちは知っていたんだね。どうして知らせてくれなかったのかなぁ？
- 生徒：え，別によくあることだし，あまりかかわり合いのない人だったから。
- 教師：同じクラスの仲間じゃないか。冷たいなぁ。
- 生徒：でもあまり口も聞かないし，仲の良い人なら知らせたと思います。
- 教師：仲が良い悪い以前にクラスの仲間だろう。困っていたら知らせるものだよ。
- 生徒：言っていることはわかりますけど，無理です。

GOOD

- 教師：Aさんがいじめられていることを君たちは知っていたんだね。どうして知らせてくれなかったのかなぁ？
- 生徒：え，別によくあることだし，あまりかかわり合いのない人だったから。
- 教師：それほど深刻じゃないと思っていたのかな？
- 生徒：そうです。あれくらいのからかいなら普通にあります。
- 教師：自分と仲の良い人でも同じ対応をしていたのかな？
- 生徒：それは違うと思います。かわいそうだし，先生に知らせるかもしれません。
- 教師：嫌な思いをしているのがAさんなら，どうして教えてくれないのかなぁ？
- 生徒：いや，あまりかかわりがないから。
- 教師：Aさんは今後もかかわりがないのかなぁ。Aさんの友達と君が仲良くなることもあるよね？
- 生徒：それはあるかもしれないけど今は関係ないんで。

教　師：なるほどね。そう考えるのは，教えたら自分がやられるかもっていう気持ちもあるのかな？
生　徒：それは少しはあるかも。
教　師：このいじめを放置していたら，クラスが常にいじめのターゲットをつくるようになるかもしれない。次は君になる可能性もある。
生　徒：それはそうですね。
教　師：先生は，いじめがあったら指導します。でもいじめの事実を知らないと指導できないんだよね。
生　徒：そこは先生頑張ってください。
教　師：先生がクラスのみんなについて，誰が誰のことを好きとか100％把握できると思う？　反対にわかったら嫌じゃない？
生　徒：うん，それはそうです。
教　師：だからみんなの中で起こっているいじめも100％発見することは難しいんだよ。
生　徒：そうですね。
教　師：じゃあ誰が知らせることができるかというと，加害者が言うはずもないし被害者も言いにくい。周りの気づいた人しかいないんだ。
生　徒：でも言っても変わらないと思うよ。
教　師：変えられる，変えられないは先生の問題。指導するのも先生の問題。そこは先生が責任をもつ部分。君たちは知らせる部分だけやってくれればいいんだよ。だから安心して知らせられる方法を一緒に考えよう。
生　徒：はい。

CASE-01 まとめ

①誰かのいじめを許容するとクラスに蔓延することを考えさせる。
②いじめを知らせるのは子どもの役目，なくすのは大人の役目と認識させる。

いじめ傍観者への対応

CASE-02
見ているだけだから悪くない と思っている場合

クラスの多くの生徒がAさんに対して差別的な態度をとっていることがわかりました。それについて指導し，周りにも注意するよう指導したところ，「本人が悪い」「見ているだけで悪くない」と言い張り，指導が通りません。

WHY 解決へのファーストステップ

ステップ1

　不快な思いをしたときに，相手を攻撃したくなることは誰にでもあるはずです。わき起こる感情には，良いも悪いもありません。だからといって，感情のままに相手を攻撃することは許されることではありません。
　感情と行動との区別がついていないのかもしれません。

ステップ2

　教師は生徒に何か問題があれば注意してほしいと思います。では大人は公共の場で不適切な行為を見かけたときに，直接注意できるでしょうか。もちろん状況に違いはありますが，大人が注意しなかったことを責められれば心外に思うはずです。基本的には生徒も同じ構図なのです。

HOW 対応のポイント

被害者への気持ちとは別に正しい行為を教える

　人はそれぞれ別の個性をもち，感じ方や考え方も違います。クラスの中で，不快になることがあるのも当然のことです。だからといって，相手を攻撃することは許されることではありません。

　いろいろな個性の中でよりよく暮らしていく方法を学ぶのがクラスです。

　被害者に対して不快に思う気持ちがあったとしても，それとは別に正しい行為は教えなければなりません。気持ちは受容しても，許容できない行為と正しい行為について教育するのが教師の役目です。

「見ているだけ」が通用しないことを教える

　自分自身がいじめをしているわけではなく，それを見ている人も大勢いる場合，自分ごととしてとらえることは難しいものです。どうしても集団の陰に隠れてしまいます。

　しかし，赤ん坊がハイハイをしていて，目の前に崖があるとします。それを見かけた人はどうしたらよいでしょうか。

　もしも赤ん坊が崖から落ちてしまったら，側にいた人が「見ていただけです」と言えば，それは最もいけない行為になります。

　社会では犯罪を見かけたときに，仮に止められなくても警察に通報するのが市民の義務です。火事を発見したら消せなくても，消防署に通報するのが市民の義務です。

　いじめは，時には命の危険にもつながります。いじめを止められなくても，それを大人に知らせる義務があります。いじめをなくすのは大人の役目，それを知らせるのは子どもの役目という考えを伝えておくことが大切です。

ここが分かれ道！BAD／GOOD 対応

BAD

教　師：Aさんがいじめられているみたいだけど君たちはどう思っているのかな？
生　徒：え，あれはAさんが悪いから仕方がないと思うよ。
教　師：え，仕方がないって，それはおかしいよね。
生　徒：でも，Aさんは実際周りに嫌われてるし，嫌われるようなことしているし。
教　師：でもいじめはダメだよね。
生　徒：それは先生がされていないからわからないんです。

GOOD

教　師：Aさんがいじめられているみたいだけど君たちはどう思っているのかな？
生　徒：え，あれはAさんが悪いから仕方がないと思うよ。
教　師：そう思うんだ。どうして？
生　徒：Aさんは実際周りに嫌われてるし，嫌われるようなことしているし。
教　師：どんなことするの？
生　徒：人の嫌がることを平気で言ったり，マジでムカつく。先生もされたらわかるよ。
教　師：じゃあ，Aさんのことをいじめたくなる人の気持ちを理解できるってことだね。
生　徒：そうです。別に自分はやろうとは思わないけど。
教　師：君がAさんなら，今の状況を仕方ないと思う，それとも反撃する？
生　徒：Aさんなら，なんでやられているか，わからないから反撃すると思う。

教　師：先生も，腹が立つから攻撃したくなる人の気持ちは理解できるよ。ただ，それは正しくない行為に正しくない行為で返しているように思うけどね。

生　徒：じゃあ，どうすればいいんですか？

教　師：君がAさんの立場だとしたら，どうしてほしいかな？

生　徒：まあ，悪口言わないで教えてほしいと思うけどね。受け入れないかもしれないけど。

教　師：受け入れるか，受け入れないかはAさんの問題だけど，まずは周りは，いじめることを正当化してはいけないと思うよ。

生　徒：どうしてですか？

教　師：だって，むしゃくしゃしたから万引きしましたって人がいたら，仕方がないねって世間の人は思わないもんね。

生　徒：それはそうだけど。

教　師：泥棒は，自分の犯行を戸締りの悪い家のせいにするそうだよ。自分は悪くないって。

生　徒：それは悪いでしょ。

教　師：今回の件も客観的に見たら，いじめているほうが悪いって見えるんだよ。

生　徒：そうですか。

教　師：いじめに対して周りは見ているだけで参加していないから悪くないのかな？

生　徒：うーん。

教　師：社会では火事を発見したら消防署に通報するよね。消せなくても通報はする。見ているだけが一番いけないときもあるんだ。先生が気づいていない場面でいじめがあったら知らせてほしいな。

CASE-02　まとめ

①気持ちは受容しながらも正しい行為を教える。
②「見ているだけ」が許されない場面を考えさせる。

いじめ傍観者への対応

CASE-03

いじめをはやしたてていた場合

A君へのいじめが発覚しました。直接いじめをする生徒は少ないのですが，周囲も止めずに，一緒になって笑ったり，はやしたてていたりしていたようで罪悪感がありません。

WHY 解決へのファーストステップ

ステップ1

　人は見たものをモデルとし模倣する生き物です。テレビ番組では，誰かを馬鹿にして笑ったりという行為が多く放送されています。それを真似て誰かを馬鹿にし笑うというのは，子どもにとって自然なことなのかもしれません。

ステップ2

　はやしたてるという行為は，自分は安全な位置にいながら，積極的にいじめに参加する行為です。観衆がいるといじめはエスカレートします。無自覚ではあっても自分がいじめをエスカレートさせて，それを楽しんでいるという構図になっています。

　ただし，その罪の意識となると直接関与している者と間接的に関与している者とでは雲泥の差になります。

　はやしたてる行為は燃えている火をうちわであおぐような行為であり，決して水をかけている行為ではないことを教える必要があります。

HOW 対応のポイント

そのときの気持ちを振り返らせる

　いじめに直接参加していなくても，それをはやしたてているのは，心情的には加害者側とそう変わりません。とは言うものの，いじめているのと同じだと頭ごなしに言っても納得できないでしょう。そのときの気持ちが加害者側に寄っているものか，被害者側に寄っているものかを考えさせ自分自身で気づかせる必要があります。

　そのためには加害者，被害者双方の気持ちも考えさせる必要があります。加害者は楽しみ，被害者は悲しみを感じるものです。そのどちらを感じていたのかを考えれば，どちら側の行為であったかはわかるはずです。

　また，自分自身が同じようなことをされて，つらかった経験も多くの生徒がもっているはずです。様々な視点でそのときの行為の意味を考えさせることが大切です。

いじめは観衆がいるとエスカレートすることを教える

　教室内で観衆のいる中で行われるいじめでは，加害者の頭にあるのは，被害者よりも観衆の存在です。

　ステージ発表で，お客さんがいるほうが張り切るのと同じように，観衆がいるほうがいじめはエスカレートするのです。観衆がいなければやらないけれど観衆がいるからこそ始まるいじめもあるのです。ましてや，はやしたてる存在があればなおさらです。

　はやしたてる観衆がいると加害者は自己顕示欲を満たすことができます。観衆は加害者にとってのサポーターです。被害者にこそサポーターが必要だということを教えなくてはなりません。

ここが分かれ道！BAD／GOOD 対応

BAD

教 師：A君が，B君にいじめられていたときに，君たちは止めずにはやしたてていたみたいだけど，それをどう思っているのかな？
生 徒：え，自分たちは別に悪いことはしてないよ。
教 師：え，そう思うのっておかしいよね。
生 徒：やったのを見ていると面白くてつい声を出しただけだし。
教 師：でもそれはいじめているのと一緒だよね。
生 徒：え，いじめてないのに，それはおかしい。

GOOD

教 師：A君が，B君にいじめられていたときに，君たちは止めずにはやしたてていたみたいだけど，それをどう思っているのかな？
生 徒：え，自分たちは別に悪いことはしてないよ。
教 師：悪いことはしていないんだね。具体的にどんなことをしていたのかを教えて。
生 徒：え，B君に「ウケる」みたいなことを言った。
教 師：面白いってことを伝えたわけだね。
生 徒：そう，でもA君には何も言ってないよ。別にかかわりもないし。
教 師：B君のそのときの気持ちはどんな感じだと思う？
生 徒：え，楽しがっていたと思うよ。
教 師：じゃあ，A君の気持ちはどんな感じ？
生 徒：それは嫌がっていたと思うよ。自分はやってないけど。
教 師：B君は楽しがっていて，A君は嫌がっていた。じゃあ，そのときの君の気持ちはどっちの気持ちに近いのかな？
生 徒：うーん。B君かな。
教 師：そうだね。そのときのA君の気持ちは考えていなかったんだね。
生 徒：はい。

教　師：いじめって観衆がいると余計にエスカレートするんだよね。その気持ちはわかるでしょ？
生　徒：そうだね。
教　師：直接Ａ君をいじめたわけじゃないけど，君の行為はいじめを止める側に働いたのか，それともエスカレートさせる側に働いたのか。わかるよね。
生　徒：はい。
教　師：Ａ君からしたら，君は誰の味方だろうね？
生　徒：Ｂ君です。
教　師：実際に悪口を言ったのはＢ君だけかもしれないけど，二人にやられたように感じると思うよ。どうしてかわかるかい？
生　徒：いえ。
教　師：そのときの君はＢ君のサポーターだからだよ。
生　徒：はい。
教　師：Ｂ君のことを大切に思うのなら，Ｂ君の本当のサポーターになってほしいな。
生　徒：はい。
教　師：本当のサポーターなら，どう行動すべきだろうか？
生　徒：おい，やめろよって言う。
教　師：そう言えれば，Ａ君にとってもＢ君にとってもサポーターだね。

CASE-03　まとめ

①心情的にどちらに近いかを考えさせる。
②観衆がいじめをエスカレートさせることを教える。

いじめ傍観者への対応

CASE-04

陰口・悪口が横行している場合

陰口や悪口をよく言うBさんに指導しました。クラス内で日常的に陰口や悪口が横行しているようで，Bさんだけでなく，周囲にも指導する必要性を感じています。陰口の聞き役の生徒にも指導しようと思うのですが，伝え方に苦慮しています。

WHY 解決へのファーストステップ

ステップ1

　陰口や悪口は人間関係を破壊する行為です。しかし不安定な人間関係の中では，それが生徒にとって唯一の人間関係を結ぶ手立てである場合もあります。根底には自分がやられるかもしれないという不安があるのかもしれません。

ステップ2

　被害者にとっては，こそこそと悪口を言っている姿を見かけたら，言っている側も聞いている側も同じようにいじめている人間に見えます。でも陰口や悪口を聞いている側は，相手の話を聞いているだけという意識かもしれません。

　こそこそとした行為が多いのであれば，学級経営が管理的になりすぎていないかを振り返ることも必要です。

HOW 対応のポイント

良い聞き役にさせる

　不快なことがあったときに，それをすぐに友人に対して口にして発散する生徒と，大人しくそれを聞いている生徒という組み合わせはよくあります。聞いている側にしてみれば，もちろんいじめに参加しているという意識はないでしょう。

　嫌なことを誰かに話して，スッキリするというのは，相手への攻撃という行動に移らせないために重要なことです。

　ただし聞く側に，受容と同意を区別させないと，一緒に悪口を言っているという形になってしまいます。

　「そうなんだ。それはつらいね」という言葉と「そうだよね。本当にムカつくね」という言葉の意味合いを考えさせる必要があります。

悪口を助長させない

　誰かへの悪口で盛り上がるかどうかは，聞き手の反応に左右されます。誰かの悪口で盛り上がることは悲しいことであるといった価値観をもたせたいものです。

　また，悪口に賛同すると「あの人も言っていたよ」と悪口の当事者へと格上げさせられ，トラブルに巻き込まれることもあります。そういった危険性についても知らせるべきでしょう。

　ただ一方的に聞くのではなく，聞き方の選択肢を増やす必要もあります。

　「ところで，あのテレビ見た？」と悪口の際に話題を変えたり，「それは言いすぎでしょ」と軽くたしなめたりといった行為も，教えなければできないものです。

ここが分かれ道！BAD／GOOD対応

BAD

教　師：クラスの中で陰口や悪口が多くあるように思うんだけど，どう思っているのかな？
生　徒：え，普通です。
教　師：え，それはおかしいよね。
生　徒：悪口ぐらい誰でも言いますよ。
教　師：でもそれはダメだよね。
生　徒：でも，自分は言っていません。
教　師：でも一緒に話しているところを見たら，一緒に悪口を言っているように見えるよね。
生　徒：そうかもしれませんけど，私は話を聞いているだけです。

GOOD

教　師：クラスの中で陰口や悪口が多くあるように思うんだけど，どう思っているのかな？
生　徒：え，普通です。
教　師：普通なんだ。
生　徒：そうですよ。悪口ぐらい誰でも言いますよ。
教　師：誰かのことで腹が立って，友達に言ってスッキリするとかはあるよね。
生　徒：はい。
教　師：あなたは，そういうのを言う立場と聞く立場とではどちらが多いのかな？
生　徒：聞く側ですね。
教　師：どんな気持ちで聞いているの？
生　徒：うーん，それはひどいなって一緒に思うこともあります。
教　師：そういうときに何か気を付けなければいけないことはあるかな？

生　徒：誰かのことをみんなで言いすぎたりするといじめにつながるかも。
教　師：そうだね。嫌な思いをしている友達の気持ちを聞いてあげるのは，親切な行為だよね。ただ，一緒になって悪口を言わないように気を付けたいよね。すごく難しいことだとは思うけど。
生　徒：そうですね。少しくらいならいいかもしれないけど，一緒に悪口で盛り上がるのは，自分も嫌です。
教　師：どうしてそう思うの？
生　徒：人の悪口を言う人になりたくないからかもしれません。
教　師：陰口って，言いたいことを本人に言えないときに出やすいよね。
生　徒：そうですね。言っても聞いてくれなかったり，言い返されたりすると特にそうですね。
教　師：それってお互いが，相手のことを大切にできていないっていうことだよね。
生　徒：そうですよね。
教　師：そういうクラスになると自分がいつやられるかわからないから，味方がほしくなるね。それで自分の味方をつくったり，確認するために誰かの悪口を言いたくなるよね。
生　徒：そうですね。
教　師：みんなの居心地のよいクラスにしたいから，悪口が発展しないように力を貸してほしいな。どんなことに気を付ければいいかな？
生　徒：本音で言い合えればいいと思います。

CASE-04　まとめ

①責めずに気を付ける点を考えさせる。
②居心地のよいクラスをイメージさせる。

CHAPTER

いじめ保護者への対応で困った場面

いじめ対応での保護者は，教師にとって最大の協力者にも，その反対にもなり得ます。保護者の理解，協力なくしていじめの解決にはたどりつけません。ところが我が子を守ろうとする行為が，事態を悪化させることも多いものです。本章では保護者対応での困った場面について考えていきます。

いじめ保護者への対応

CASE-01
加害者の保護者が指導内容に抗議してきた場合

B君がA君に対して，いじめをしていることがわかり指導しました。B君も事実を認め渋々ながらA君に謝罪しました。その夜，ことの経緯を説明しようとB君の家庭に連絡を入れたところ，一方的な指導であり納得できないと訴えてきました。すぐに家庭訪問し事実を説明しましたが納得が得られません。

WHY 解決へのファーストステップ

ステップ1

子どもとの距離に境界線をもてないタイプの保護者の中には，子どもへの指導（攻撃）が保護者自身に向けられているように感じる人もいます。子どもが怒りを感じた内容に対して，より強く怒りをもつタイプです。

ステップ2

保護者のもつ「いじめ」のイメージは2つの相反するものがあります。昔からある大騒ぎする必要のないもの。もう一つは社会でニュースになるような残酷でひどいもの。苦情を言う保護者の，大騒ぎする必要のないものでどうして，そこまで我が子を叱るんだという思い。我が子は大事件になるようなひどいことをしたのかという思い。いずれにせよクレームにつながりやすいものです。

HOW 対応のポイント

最後まで話を聞く

　次頁の会話例では字数の関係で十分に表現できていませんが，まずは心の中にあるものを全部吐き出してもらうことが大切です。特に我が子が話を聞いてもらえなかったと思っている場合はなおさらです。

　その際に，「お子さんは，そう思っているんですね。それに関するおうちの方のご意見はどうですか」と誰の思いなのかを整理していくことが大切です。我が子と一体化してしまいがちな保護者の考えを分離する必要があるからです。どうしても教師は事実に即したことや生徒に関することのみを話そうとしてしまいます。それに加えて保護者自身の考えや思いを聞いていくことで，怒りのボルテージを下げていくことができます。

　また，こちらに非がなくても，不快な思いをさせてしまったのなら，そのことについては素直に謝罪する姿勢が大切です。

保護者の不安を軽減させる

　学校に文句を言いに行くのは簡単なことではありません。保護者に勢いが必要です。その際に怒りをエネルギーにして勢いをつけて来る場合が多くあります。

　怒りの前には，悲しみや不安があることが多いようです。我が子がきちんと先生に受け入れられていたいという悲しみ，我が子がうまく学校でやっていけるだろうかという不安。そういった気持ちを受け止め，聞いていくことで怒りのエネルギーは自然に減っていきます。

　事実がわかったということ以上に，先生が気持ちをわかってくれたということのほうが安心感を与えるということも念頭に置いて対応していくべきです。

ここが分かれ道！BAD／GOOD 対応

BAD

保護者：うちの子が何もしていないのに、一方的にいじめたお前が悪いって怒られたって、家で暴れています。どういうつもりですか？

教　師：B君は実際にいじめをしたんです。

保護者：それならそれできちんと納得させてください。うちの子はきちんと話も聞いてもらえなかったって言ってます。

教　師：いえ、話は聞いているし、B君も学校では納得していましたよ。

保護者：それは、先生が怖いから言えなかっただけじゃないですか？

教　師：それはわかりませんけど。

保護者：いつも話を聞いてくれないって他の子の保護者も言っていますよ。

教　師：いや、それは今回は関係ないでしょう。

GOOD

保護者：うちの子が何もしていないのに、一方的にいじめたお前が悪いって怒られたって、家で暴れています。どういうつもりですか？

教　師：これはとても大事な話で、私一人だと不十分な対応になるといけないので、他の先生にも入ってもらいますね。（複数で対応する）

保護者：うちの子がいじめをしたって、先生に決めつけられて話も聞いてくれないって言っているんです。どういうことですか？

教　師：もう少し詳しくお聞かせ願えますか。

保護者：こっちの言い分だってあるのに、一方的に悪いって決めつけられたって腹を立てているんです。こんな不適切な指導がまかり通るなら私も出るところに出ますよ。

教　師：お子さんは、一方的に悪いって決めつけられたと思っているんですね。お子さんはそう訴えているようですが、Cさん（保護者）は、どのように思っていらっしゃるんですか？

保護者：たしかにうちの子にも悪いところはあるんでしょうけど、子ども

ですからねぇ。話も聞いてもらえないということに腹を立てているし，他の子の話は聞いて，うちの子だけ聞かないっていうのはどういうことかと思います。

教　師：なるほど，うちの子だけ話を聞いてもらってないのではと思われたわけですね。そうすると親御さんとしても，我が子が軽んじられているようで悲しくなったり，心配になったりもしますよね。

保護者：そうですよ。

教　師：Cさん（保護者）に嫌な思いをさせてしまい，大変申し訳ありませんでした。もちろん，そんなつもりもないですし，言葉が足りなかったということは反省したいと思います。

保護者：そうですよ。

教　師：言葉が足りなかった部分について説明させてもらってもいいですか？（事情を説明する）

教　師：何か事実についてご不明な点などありますか？

保護者：いえ，それはうちの子が悪いと思います。

教　師：まだ子どもですから頭では悪いと思っていても，そのむしゃくしゃを吐き出さずにいられなかったんですね。子どもは，そうやって信頼できる相手にイライラをぶつけて，気持ちを整理して進んでいくんですね。

保護者：そうなんですね。

教　師：こちらの指導にも至らない点は多々あると思いますが，今回のようにご家庭と学校とで手をとり合っていきたいと思います。今日はありがとうございました。今後ともよろしくお願いいたします。

CASE-01　まとめ

①子どもの気持ちと保護者の気持ちとを整理しながら話を聞く。
②事実をわかってもらうことだけでなく，相手に気持ちをわかってもらえたと思わせる。

いじめ保護者への対応

CASE-02
加害者の保護者が「むしろ被害者だ」と訴えてきた場合

B君がA君に対して，いじめをしていることがわかり指導しました。B君も事実を認め渋々ながらA君に謝罪しました。するとB君の家庭から「うちの子はむしろ被害者で納得いかない」と訴えてきています。

WHY 解決へのファーストステップ

ステップ1

いじめの事実を知った保護者は，子どもにその理由を問いただします。その理由に納得できなければ，「他には？」と問い続けることになります。聞かれた子は「だって〜」と言い続けます。すると聞いている保護者は，やられたことのほうが大きく感じられてしまいます。

ステップ2

人それぞれ難問に直面したときの行動パターンは違います。保護者の中には，とにかく相手を攻撃することで事態を打開してきたという人もいます。そういった人は我が子が加害者ではなく被害者だという部分を強調し，そこから事態を変えようとしてきます。また加害者である我が子に，どんな指導やペナルティがあるかという不安が，その行動に拍車をかける場合もあります。

HOW 対応のポイント

最後まで話を聞く

　「自分も被害者だ」と加害生徒ではなく，保護者が訴える場合は，苦し紛れの言い訳を生徒がした可能性があります。

　しかし，その内容がささいなことだと軽んじてしまうと，「相手の子がひいきされている」という気持ちを抱かせてしまいます。最後までしっかりと話を聞くのは当然なことです。

　そして保護者が知ったいじめの事実だけでなく，知ったときの気持ちなども聞き，共感することで，次第に軟化していくことでしょう。

　そして過去にいじめの事実があれば，それは大人として指導しなければならないことであることを伝えます。その納得があったうえで，ようやく我が子の非も認めることになります。

公平さを厳しさで担保する

　このケースでは，我が子の非は十分わかったうえで，我が子を守るために，喧嘩両成敗のような寛大な処置を狙っているのかもしれません。片方に甘かったのに，うちの子だけ厳しくされたら不公平だという訴えは，うちの子にも甘くしろということです。両方に厳しくしますと伝えると保護者は一瞬心外な表情をするものです。

　訴えどおりに両方に甘くすることで指導を揃えるのではなく，両方に厳しくする姿勢を理解してもらいます。いじめに対して妥協せずに強い姿勢で臨むことを理解してもらう必要があるからです。

　そして，さらにこれからの二人の生活や関係が大切だから，当事者同士の思いを大切にしながら，指導していくことを伝えます。教師の生徒に対する愛情を理解してもらえれば，保護者も学校に任せようという気持ちになるものです。

ここが分かれ道！BAD／GOOD 対応

BAD

保護者：先生，うちの子がいじめをしていたと言うけれど，実は相手のほうもいじめをしていました。今回の件でうちの子だけ叱られるのは納得がいきません。どういうことですか？

教　師：そうなのかもしれませんが，今回B君は実際にいじめをしたんです。

保護者：じゃあ，今までうちの子がされていたことはどうなるんですか。不公平です。

教　師：いや，前は前であったのかもしれませんが，今は今回の話をしましょう。

保護者：それは，おかしいんじゃないですか，誰にでも平等に接するのが先生なんじゃないですか？

GOOD

保護者：先生，うちの子がいじめをしていたと言うけれど，実は相手のほうもいじめをしていました。今回の件でうちの子だけ叱られるのは納得がいきません。どういうことですか？

教　師：両方いじめをしているのに片方だけ，指導されるのでは納得がいかないですよね。

保護者：そうです。不公平です。

教　師：おっしゃるとおりです。憤りを感じるのももっともだと思います。前回の件についても厳しく指導します。それはこちらに任せてもらえますか？

保護者：ええ。でもそんなに悪気があったことではないと思いますよ。遊びの延長だと思います。

教　師：仮に悪気がなかったとしても，やったことは間違ったことですので，しっかりと指導します。

保護者：まあ，それはそうですけどね。今回の件は前回の件がなければ起こらなかったかもしれませんよね。
教　師：なるほど，たしかに前回の件がきっかけになっている要素はありますよね。
保護者：そうですよ。
教　師：今回のことも引き起こした可能性があるということで，前回のことは厳しく指導します。
保護者：まあ，でも過ぎたことですので。
教　師：仮に小さなことであっても，次につながってしまうということがよくわかりましたので，しっかりと指導します。
保護者：でも先生，そうやって厳しすぎるのも，生徒が窮屈になって，いじめが起きることもあるんじゃないですか。
教　師：いえ，厳しいからいじめが起きたのではなく，いじめが起きたから厳しく指導するんです。仮に普段が厳しすぎるのでしたら，接し方を見直す必要はありますね。ただし，いじめに関しては絶対に許されないことですので，厳しく指導します。
保護者：そうですか。
教　師：やったことを見つけたら，厳しく接します。お互いに気を付けるようになれば，人間関係もよくなるし楽しく過ごすことができます。今回の件はどちらの子も大切ですので，きちんと指導します。その上でお互いが許し合える状況にしたいと思います。
保護者：そうですね。

CASE-02　まとめ

①不公平にならないように，やった事実に関して，どちらも指導する。
②厳しすぎるという訴えがあっても，いじめに関する指導は厳しくすると宣言し，ブレない対応をする。

いじめ保護者への対応

CASE-03

加害者の保護者が「子どもの問題に大人が口出しするな」と訴えてきた場合

クラスでＢ君がＡ君にいじめをしていることが発覚し，Ａ君に謝罪させました。するとＢ君の保護者から「子どもの問題に口出しをするな」と訴えてきました。そうはいかないと伝えても口出しするなの一点張りで困っています。

WHY 解決へのファーストステップ

ステップ1

　加害者の保護者が，大人は口を出すなと言う真意は何でしょうか。それは自分の子が不利になるので相手の子に助太刀するなという意味で言っているのではないでしょうか。
　そこには敵か味方かで人間関係をとらえる思考パターンと，我が子をとにかく守りたいという思いがあるのかもしれません。

ステップ2

　いじめとケンカを混同しているのかもしれません。いじめが命に直結する問題であること，いじめの残酷さを理解していない可能性もあります。
　大人は，いじめと聞くと，典型的ないじめっ子，いじめられっ子の関係を思い浮かべるのでしょう。そのイメージに合わないのかもしれません。

HOW 対応のポイント

大人が介入する理由を伝える

　子ども同士のことだから，大人が口を出すべきではない。

　人にはそれぞれいろいろな考えがあり，そう考えるだけの経験，根拠もあるものです。保護者にもそう考えるだけの理由があります。口出しすることの是非を話し合うのではなく，大人の介入が必要な理由のうち，保護者の知らない点，盲点について伝えていきます。

　船の漕ぎ方がわからない人間には，それを教えればよいですが，溺れている人間には，溺れた理由や対処について教えるのではなく，救助が必要です。子どもの問題には，大人が口出しすべきではない問題と救助が必要で介入すべき問題とがあります。いじめは命にかかわる問題です。決して子ども同士に任せてはいけません。大人が介入すべき問題であることを伝えます。

保護者の不安，心配な点を尋ねる

　保護者が教師に口出しすべきでないと訴えるのは，口出しによって生じることを回避しようとしているのではないでしょうか。この場合大人が介入することのデメリットは何でしょうか。

　加害者である我が子が叱られる。

　おおごとになってしまう。

　それらによって，さらにどんなことが起こるでしょうか。クラス内での友人関係が壊れたり孤立したりするかもしれません。あるいは家庭内では，子どもが暴れるといったことだってありえます。

　保護者が不安な点や心配な点は何なのか。それは表面的にはわかりません。安心して話せる関係ができたところで，率直に聞くことも大切なことです。

ここが分かれ道！BAD／GOOD対応

BAD

保護者：先生，うちの子がいじめをしていたと言うけれど，これは子ども同士の問題だから，大人が口を出すべきではないと思うよ。

教　師：もちろん子ども同士で解決できれば，それがいいんですが，そうもいかないので大人が介入します。

保護者：そうやって，何でもかんでも大人が口出しするから，子どもたちが自分たちで解決できなくなるんじゃないのかい。

教　師：いえ，何でも口出しするつもりはありません。

保護者：だったら，今回のことは子ども同士で解決させましょう。それで無理だったら，先生が出ればいいじゃないですか。

教　師：そういうわけには……。

GOOD

保護者：先生，うちの子がいじめをしていたと言うけれど，これは子ども同士の問題だから，大人が口を出すべきではないと思うよ。

教　師：もちろん子ども同士で解決できれば，それがいいんですが，そうもいかないので大人が介入します。

保護者：そうやって，何でもかんでも大人が口出しするから，子どもたちが自分たちで解決できなくなるんじゃないのかい。

教　師：ケンカとか力関係が互角であれば，子ども同士の解決もさせています。いじめは，そもそも力関係が対等ではありません。話し合いをさせると，いじめられたほうが，さらに自分が悪かったと傷つくことになります。なので大人が入ったうえで，これからどうしていくかを一緒に考えさせます。何かご心配なことはありますか？

保護者：先生，うちの子がいじめをしていたと言うけれど，それなりの事情があるんだよな。そのへんもしっかり聞いてやってくれ。

教 師：人をいじめたい気持ちになることは誰にでもあることです。気持ちは理解できますが，それでもしてはいけないのがいじめです。そのことをしっかりと学んでほしいんです。事情は聞きますが，指導はします。

保護者：やられたほうにも原因はあると思うけど，どうするんだ。

教 師：今それを一緒に指導すると子どもは混乱して，理由があったらいじめてもいいとか，いじめられたのは自分が悪いからだと誤解してしまいます。いじめられる側に仮に直すべき点があったとしても，その指導のタイミングはこちらで判断します。

保護者：そういうもんですかねぇ。

教 師：今回のことはたいしたことではないと思うかもしれませんが，これを放置すると必ずエスカレートして，そんなひどいことをしてしまったのかと驚くようなことも，時に子どもはするんです。どちらの子も大切だからこそ今しっかりと指導します。

保護者：まあ，そうですね。

教 師：いじめの問題は命にかかわるので，大人が責任をもって介入します。それ以外の出来事はおっしゃるとおり子ども同士で解決させたいと思います。貴重なご意見をありがとうございました。

保護者：はい。

教 師：今一番心配されていることはどんなことですか？

保護者：元どおり仲良くなってもらいたいなと思っているよ。

教 師：それが一番ご心配だったんですね。そうなるのが一番ですよね。

CASE-03 まとめ

①いじめは大人が介入すべき問題であることを伝える。
②保護者が不安に思っていることを聞く。

いじめ保護者への対応

CASE-04
被害者の保護者がクラス替えを要求してきた場合

A君に対するクラスのいじめが発覚し，加害者にも謝罪させ，もうやらないことを約束させました。ところがA君の家庭から「うちの子を隣のクラスにクラス替えをしろ」と訴えがあり，話は平行線です。

WHY 解決へのファーストステップ

ステップ1

被害者の保護者が，隣のクラスにしろと言う真意は何でしょうか。それが無理難題であることは本人も知っているはずです。そうでも言わないとおさまらない怒りが保護者にくすぶっているのかもしれません。それはいじめの指導だけでなく，その後の保護者への対応も含めて，教師に信頼を失う言動があったのかもしれません。

ステップ2

隣のクラスにしろという言葉の背景には，同じクラスだとまたいじめがあるという思いがあるのかもしれません。このクラスでの解決は望めないと感じ，その不安から出ている言葉の可能性があります。

HOW 対応のポイント

信頼回復の時間をもらう

　「クラスを替えてくれ」というのは「安心できるクラスにしてくれ」と言葉に置き換えることができます。隣のクラスにクラス替えをしてくれという要望は、もうこのクラスではダメだという思いの表れです。この担任では、自分の願うような状況をつくることはできない、と信頼が失われた状態であるわけです。

　そう思うには保護者の誤解もあるかもしれません。しかしそれを補うだけの信頼関係もまたできていないことを意味します。

　信頼関係のないところに教師が納得できる合意形成をするのは難しいものです。そこで一気に結論を出すのではなく、もう一度考えるための時間をもらうことを目指します。

　また、担任一人ではなく必ず複数体制で話し合いに臨むようにしましょう。

いじめのないクラスをつくる具体的な方策を示す

　保護者が一番気にするのは我が子の安全です。

　まずは教師の「いじめをなくしたい」という熱意を示しましょう。

　さらに抽象的に「いじめをなくします」ではなく、具体的に方策を示します。たとえば、時間、空間、仲間といった3つの「間」について、いじめの防止策を示します。

- いじめが起こりそうな時間帯にどう支援するか。
- いじめが起こりそうな空間にどう目を光らせるか。
- 孤立しないで済むような仲間をどう配置するか。

　そこまでやってくれるんだという安心感をもってもらうことを目指します。保護者が我が子を守ろうとするのは当然のことです。学校が頼りにならないと思えば、保護者も出ざるを得ないのです。

ここが分かれ道！BAD／GOOD対応

BAD

保護者：先生，うちの子を隣のクラスに入れてください。
教　師：え，そんなことはできません。
保護者：今のクラスでは，きっとまた同じことが起きます。だからうちの子をいじめる子と離すために，隣のクラスに移してください。
教　師：そんなことは聞いたことがありません。
保護者：何とかできる方法を考えてください。
教　師：そんなことを言われましても。
保護者：先生じゃ，話にならないんで校長先生と話します。
教　師：そうですか……。

GOOD

保護者：先生，うちの子を隣のクラスに入れてください。
教　師：え，隣のクラスに入れてということですか？
保護者：今のクラスでは，きっとまた同じことが起きます。だからうちの子をいじめる子と離すために，隣のクラスに移してください。
教　師：そうですか。不安な思いをさせてしまい申し訳ありませんでした。
保護者：何とかできる方法を考えてください。
教　師：そうですか。同じクラスだとまた同じことが起こる可能性があるから心配だということですね。
保護者：きっと，またありますよ。
教　師：保護者の方に安心していただけない状況で大変申し訳ありません。
保護者：安心はできないですよ。
教　師：本人は何と言っていますか？
保護者：本人は不安だと思うんだけど，まあ謝ってもらっているし，頑張ろうかなと思っているみたいです。
教　師：そうですか。その信頼を裏切りたくないですね。

保護者：また，あんな思いをしたら今度こそ絶望しちゃいますよ。それであの子の身に何かあったらと思うと不安で。
教　師：二度も同じことがあったら立ち直れないだろうってご心配なわけですね。そうですよね。
保護者：だからクラスを替えてほしいんです。先生に言って無理なら校長に話します。
教　師：そうなんですね。学校の取り組みをお話ししてもよろしいでしょうか。
保護者：はい。
教　師：いじめが発覚して以来，学校全体で見回り体制を強化しています。トイレ等の死角もなるべくつくらないようにしています。この部分は徹底してやっています。
保護者：ええ。
教　師：それと同時に人間関係をつくる活動等にも取り組んでいます。お子さんもクラスの中で友達と笑顔で過ごすことも多くなってきました。いつもそばには仲の良い子がいます。その子たちにもつらい思いをしたから見守ってほしいと伝えてあります。
保護者：そうなんですか。
教　師：もう少し，クラスの中でやり直しのための時間をいただけないでしょうか。全力で再発防止に取り組みます。
保護者：そういうことでしたら，もう少し様子を見てみます。

CASE-04　まとめ

①**保護者の言葉の真意を理解する。**
②**具体的な防止策を示す。**

【著者紹介】

千葉　孝司（ちば　こうじ）
1970年，北海道生まれ。公立中学校教諭。ピンクシャツデーとかち発起人代表。いじめ防止や不登校に関する啓発活動に取り組み，カナダ発のいじめ防止運動ピンクシャツデーの普及にも努めている。

〔メディア出演〕
テレビ番組　NHK Eテレ「いじめをノックアウトスペシャル11」2018年
ラジオ番組　FM-JAGA「きっと大丈夫〜ピンクシャツデーとかちRADIO」2018年

〔著書〕
『不登校指導入門』（明治図書，2014年）
絵本『空気マン』（絵：廣木旺我）（なごみすと，2018年）他

〔本文イラスト〕木村美穂

WHYとHOWでよくわかる！
いじめ　困った時の指導法40

2019年2月初版第1刷刊　Ⓒ著　者　千　葉　孝　司
　　　　　　　　　　　発行者　藤　原　光　政
　　　　　　　　　　　発行所　明治図書出版株式会社
　　　　　　　　　　　　　　　http://www.meijitosho.co.jp
　　　　　　　（企画）及川　誠（校正）西浦実夏
〒114-0023　東京都北区滝野川7-46-1
振替00160-5-151318　電話03(5907)6704
　　　　　　　　ご注文窓口　電話03(5907)6668

＊検印省略　　　組版所　中　央　美　版

本書の無断コピーは，著作権・出版権にふれます。ご注意ください。

Printed in Japan　　　　ISBN978-4-18-144818-9
もれなくクーポンがもらえる！読者アンケートはこちらから